프란츠 카프카 읽·기·의·즐·거·움
변신·심판·성

e시대의 절대문학

프란츠 카프카 읽·기·의·즐·거·움
변 신 · 심 판 · 성

|조정래|프란츠 카프카|

살림

e시대의 절대문학을 펴내며

자고 나면 세상은 변해 있다.
조그마한 칩 하나에 방대한 도서관이 들어가고
리모콘 작동 한 번에 멋진 신세계가 열리는
신판 아라비안나이트가 개막되었다.
문자시대가 가고 디지털시대가 온 것이다.

바로 지금 한국은, 한국 교육은,
그 어느 시대보다 독서의 당위성을 강조하고 있다.
지난 시대의 교육에 대한 반성일 것이다.
그러나 문자시대가 가고 있는데,
사람들은 디지털시대의 문화에 포위되어 있는데,
막연히 독서의 당위를 강조하는 일만으로는
자칫 구호에 머물고 말 것이다.

지금 우리는 비상한 각오로, 문학이 죽고
우리들 내면의 세계가 휘발되어버린 이 디지털시대에
새로운 문학전집을 만들고자 꿈꾼다.
인류의 영혼을 고양시켰던 지혜롭고 위엄 있는
책들 속의 저 수많은 아름다운 문장들을 다시 만나고,
새로운 시대와 화해할 수 있는 방법론적 독서를 모색한다.

e시대의 절대문학은
문자시대의 지혜를 지하 공동묘지에 안장시키지 않고
디지털시대에 부활시키는 분명한 증거로 남을 것이다.

발행인 심 만 수

| 차례 |

e 시대의 절대문학을 펴내며   5

1부 | 프란츠 카프카

1장 카프카 삶의 기록
영원한 이방인   12
카프카의 여자들   27
카프카와 성(性)   41

2장 카프카 작품의 현대적 의미
현대 예술과 카프카   46

3장 작품론
종말 또는 새로운 탄생_「변신」론   64
무죄인가 유죄인가_『심판』론   97
미로를 찾아서_『성』론   125

프란츠 카프카 읽·기·의·즐·거·움
Franz Kafka

2부 | 리라이팅

변신	150
심판	156
성	169

3부 | 관련서 및 연보

프란츠 카프카 관련서	206
프란츠 카프카 연보	220

1 프란츠 카프카

Franz Kafka

1924년 6월 3일 카프카는 누구보다도 폐쇄적이고

그래서 더 고독했던 짧은 삶을 마감한다. 자신이 죽은 후 남긴

원고는 모조리 불태워버리라는 유언과 함께.

그러나 원고는 그의 영원한 친구 막스 브로트에 의해 출판되어

오늘날에도 여전히 우리 곁에서 우리 모두를 더 큰 고독으로 이끌고 있다.

가치 전도된 현실에선 삶의 순수성이 항상 훼손될 수밖에 없다는 것을

알면서도 진정한 가치 추구의 여정을 계속하지 않으면 안 되는

현대인의 시시포스적 운명 속에서 카프카의 고독은

그 혼자만의 것이 아닌 우리 모두의 것이 된다.

1장 — 카프카 삶의 기록
Franz Kafka

영원한 이방인

프란츠 카프카(Franz Kafka)는 1883년 7월 3일 체코 프라하의 구시가지에 있는 게토 지역에서 유대인 상인인 헤르만 카프카와 어머니 율리 뢰비의 6남매 중 장남으로 태어났다. 그는 병 때문에 요양원을 찾았던 말년을 제외하고는 전 생애의 대부분을 자신이 태어난 프라하의 음침한 뒷골목으로 상징되는 가장 은밀한 내면 공간을 떠나지 못했다. 그가 태어난 집 주변의 원형 도로와 작은 골목길들, 도로와 연결되는 통로가 있는 집과 작은 마당들, 이 모두가 어린 시절 카프카의 놀이터였다. 1889년 가을 카프카는 독일계 남자초등학교에 입학했는데, 그 당시 등굣길에서의 인상들은 30년 후에도 그의 머릿속에 강하게 남아 있었다.

나는 매일 아침 키가 작고 마른 체구의 무뚝뚝한 우리 집 가정부의 손에 끌려 학교에 갔다. 처음에는 원형 도로를 넘어서 걸어가다가 성문같이 둥근 구멍을 통과해 시장 골목으로 내려가곤 했다. 매일 아침 이런 일이 일 년 동안 반복되었다. 어느 날 등굣길에 가정부는 내가 집에서 너무 버르장머리가 없다고 선생님께 일러바치겠다고 했다. 그런데 사실 나는 그렇게 버릇없는 아이가 아니었다. 난 그저 약간 반항적이고 무능하고 우울한 정도였을 뿐이다. 그러나 만약 가정부가 선생님께 그런 식으로 일러바친다면 그야말로 학교는 내게 고통 그 자체가 될 거라는 생각이 들었다. 나는 그녀에게 사정했지만 그녀는 냉정하게 고개만 흔들 뿐이었다. 나는 걸음을 멈추고 다시 한 번 정중하게 그녀에게 용서를 빌었으나 그녀는 나를 사정없이 끌고 갔다. 나는 그녀의 행동을 부모님께 말씀드려 해고시켜버리겠다고 위협도 해봤지만 되돌아온 것은 그녀의 코웃음뿐이었다. 그렇다, 거기서는 그녀가 권력자였던 것이다. 야콥 교회에서 8시를 알리는 종이 울렸다. 학교 종소리도 들려왔다. 다른 아이들이 뛰기 시작했다. 나는 항상 지각에 대한 공포를 갖고 있었다. 그녀는 나에 대해서 아무 말도 하지 않았다. 그렇지만 그녀가 일러바칠 가능성은 항상 존재하는 것이고, 또 그럴 개연성은 오히려 시간이 갈수록 점점 더 높아지면서 결국 위험의 가능성은 나로부터 절대로 떠나지 않을 것이었다.

카프카가 어린 시절에 품었던 이런 종류의 불안감과 조숙함의 원인을 굳이 찾아본다면 부모의 양육 방식에서 비롯되었다고 할 수 있다. 어머니 대신 유모나 가정부, 하녀가 어린 카프카를 돌보아주었다. 그가 집에서 부모의 얼굴을 보는 날은 그리 많지 않았다. 장사가 날로 번창하자 아버지는 아예 상점에다 잠자리를 마련해놓고 지냈으며, 어머니는 아버지로부터 인간이 아니라 가축 또는 돈 받아먹는 원수쯤으로 취급받는 종업원들을 달래주기 위해 항상 아버지 옆에 붙어 있어야 했다. 카프카가 부모와 같이 있는 시간은 고작해야 식사 시간과 아버지로부터의 명령을 전달받는 시간대뿐이었다.

저녁에는 늘 아버지의 카드놀이 손님들로 집이 떠들썩했는데, 담배 연기 가득한 공간에 웃음소리와 싸우는 소리가 끊이질 않았다. 겉보기에는 훌륭한 가구들로 아름답게 장식되어 있었지만 어린아이에게는 치명적으로 해로운 거실 분위기 속에서 소년 카프카는 성장했다. 아버지가 내뱉는 명령조의 간결한 말투는 어린 카프카에게 언제나 이해하기 어려웠을 뿐 아니라

13살 때의 카프카.

심지어 수수께끼처럼 여겨졌다. 그리하여 카프카는 자신이 소유하고 있는 지식과 사고에 대해 극단적인 회의에 빠지게 되고, 자신의 행동에 자신감을 상실하게 되었다. 카프카가 사물에 대한 이러한 불확신을 일생 동안 견지하게 된 데는 특히 아버지의 교육 방식이 한몫을 했을 것으로 짐작된다. 훗날 카프카는 이러한 상황을 「아버지께 드리는 편지」에서 이렇게 회상하고 있다.

> 저는 전부터 아버지 앞에서는 주눅이 들어 그저 제 방이나 책 속으로, 또는 정신 나간 친구들 틈이나 엉뚱한 생각 속으로 숨어 들어가려 했지요. 한 번도 아버지에게 제 속마음을 털어놓은 적이 없어요. (중략) 아버지는 당신이 직접 경험했던 방식으로 자식들을 다루셨어요. 완력을 쓰고 소리 지르고 화를 내면서 말입니다. 아버지는 저를 씩씩하고 강한 아이로 키우려고 하셨기에 그런 방식이 적합하다고 여기셨겠지요.

자신의 생각을 표현할 수 있는 자유 대신에 아버지의 명령에 의해 규정되는 수수께끼 같은 규칙과 가족 간의 상호 이해가 불가능한 분위기에서 자란 소년 카프카에게 외부 세계와의 격리 현상은 현실로 나타났다. 세상에 대해 마음의 문을 단단히 닫아버린 카프카의 고독은 부모의 집에 대한 일종의

카프카의 아버지.

침묵의 비난이라고 할 수 있다.

열 살이 되는 1893년에 카프카는 인문계 고등학교에 들어갔다. 프라하의 구시가지에 위치한 바로크식 건물의 이 학교는 집에서 그리 멀지 않은 곳에 있었다. 이 독일계 학교를 선택하게 된 데는 아버지의 특별한 교육관이 작용했다. 당시 오스트리아 - 헝가리 제국은 국가 공무원을 주로 이 학교 출신으로 채웠기 때문이다. 위풍당당한 학교 건물의 모습은 그 내부를 지배하고 있는 정신세계를 말해주는 것처럼 보였다. 이 학교에서 카프카의 성적은 평균을 약간 웃도는 정도였다. 수십 년간 내려오는 학교 규칙에 따라 선생과 학생 사이의 수평적인 대화는 불가능했다. 또한 학생들에겐 교사에 대한 무조건적인 존경과, 학생들의 개인적인 관심과는 거리가 먼 기계적인 학업 방식만이 강요되었다. 해마다 연말에 학교에서는 일종의 보고서가 발행되었는데, 그 당시 비교적 자유분방한 교육자에 속했던 카프카의 담임선생님은 이 보고서에 일 년간 시행될 학습 진행 일정표를 올려놓기도 하고, 문법에 맞는 모범 문장들에 대한 설명을 곁들이기도 하면서 결론적으로는 이러한 것들이 게으른 학생들을 겨냥한 것이라는 점을 강조하곤 했다.

카프카가 8년 동안 받은 수업 내용의 거의 절반은 라틴어와 그리스어에 대한 것이었다. 이 두 가지 고전 언어 공부를 통해 고대 정신세계를 알 수 있고, 또 현대적인 교육도 이러한 정신세계에 대한 지식 없이는 불가능하다는 것이 학교 측의 주장이었다. 그러나 고대의 세계에서 단편적으로 추출된 역사상과 그에 대한 지식은 카프카를 비롯한 많은 학생에게 당시의 사회적·정치적 사건을 서로 비교하고 분석할 수 있는 기회를 제공하지는 못했다. 학교 교육이 그러다 보니 당시의 사회를 보는 카프카의 시각 또한 추상적인 범주를 벗어나지 못했다. 고대의 정신세계는 그 이후에도 기껏해야 카프카의 일기나 편지에서 몇몇 고대 작가의 이름 정도만 언급될 정도로 그에겐 여전히 낯선 것으로 남아 있었다. 또한 카프카는 당시 히브리어에 대한 지식이 거의 없었기 때문에 대부분 암기 위주로 진행된 종교 수업에 대해서도 큰 흥미를 느끼지 못했다(그는 25년 후에야 비로소 히브리어에 대한 기본적인 공부를 시작하게 된다). 고등학교를 졸업할 무렵 카프카의 마음속에는 모든 종교적인 것에 대해 부정적인 견해가 자리하게 되었다. 학교 교육에서 이미 고대 세계나 종교적인 신념과 멀어져버린 소년 카프카에게 막연하게 다가오는 불안감은 그로 하여금 현실적인 것에 대한 관심이나 주변 세계의 법칙과 거리를 두게 만들었다. 이러한 시기에 카프카의 글쓰기는 시작되었다. 학교생활에서의 고립과 세계관적인 문제를 새삼스럽게 인식하기 시작한 그는 점점 글쓰기의 유혹에 빠져들었다. 당시 카프카의 학교 친구는 그에 대해 이렇게 묘사하고 있다.

> 카프카의 특징을 말한다면 그에겐 눈에 띄는 점이 거의 없었다는 것을 들 수 있다. 그는 단정하고 반듯하면서도 늘 남의 눈에 띄지 않는 수수한 옷차림을 하고 있었다. 학교는 그의 마음속 깊숙이 자리하고 있지 못한 것 같았다. 그는 다만 학교를 제대로 다녀야 한다는 일종의 의무감에 사로잡혀 있었던 같다. 우리는 그를 그런대로 괜찮은 아이라고 생각하고 있었지만 한 번도 그와 친밀한 관계를 가져본 적은 없다. 마치 그는 항상 자기 주위에 유리벽으로 가리고 다니는 것 같았다. 그의 입가에 늘 맴돌고 있는 조용하고 사랑스런 미소는 그가 세상을 향해 마음을 열고 있는 것처럼 보이지만, 사실 그는 현실 앞에서 철저하게 자신을 은폐시키고 있었다. 하여튼 내 기억에 각인되어 있는 카프카는 언제나 가냘픈 몸매에 키만 훌쩍 커버린 채 주변 세계와는 격리되어 왠지 낯설게 서 있는 모습이다.

1901년 7월 고등학교 졸업 자격시험을 치른 카프카는 어디에서도 위로받을 수 없었던 고등학교 시절의 강요된 교육에서 벗어나 자신만의 자유를 만끽하기 위해 북독일의 대서

양 만에 위치한 헬고란트 섬으로 몇 주간의 여행을 떠났다. 여행에서 돌아온 후 프라하 대학에 입학한 카프카는 처음에는 화학 공부로 시작했지만 2주 만에 전공을 다시 법학으로 바꿨다. 로마법 강의를 들으면서 지루함을 느낀 그는 이듬해 여름에 전공을 다시 예술사와 독문학으로 바꿨다. 그에게 독문학을 강의했던 아우구스트 자우어 교수는 그 당시 벌어진 국적 논쟁에서 주도적인 역할을 담당했으며, 문학을 종족과 그들이 살고 있는 풍토와의 연관성 속에서 관찰하는 소위 종족이론의 열렬한 옹호자였다. 이런 견해는 카프카에겐 매우 낯선 것이었다. 그는 나중에 친구에게 보내는 편지에서 자우어 교수의 독단적인 사고방식에 대해 신랄한 비판을 가하기도 했다. 이러한 경험으로 인해 카프카는 프라하 대학에서 독문학 공부를 중단하기로 결심했다. 카프카는 뮌헨에서 학업을 계속하려고 했지만 학비를 대줄 수 없다는 아버지의 반대에 부딪혀 겨울 학기에 프라하에서 다시 법학을 전공했으며, 아버지가 강요한 법학 공부를 하면서 자신이 지금까지 부모에게 진 부채를 심리적으로는

프라하 대학 재학 시절 카프카가 사용하던 책상.

카프카의 친구 막스 브로트.

어느 정도 갚을 수 있다고 여겼다. 그는 규정 과목만 수강하면서 졸업 최소 학기인 8학기를 이수한 후 박사 과정에 등록했다. 방학이 되면 카프카는 정기적으로 친척들이 있는 시골 마을로 여행했는데, 대부분은 구체코슬로바키아 중부 모라비아에 있는 작은 시골 마을 트리쉬에 머물렀다. 카프카가 죽을 때까지 유일하게 의지했던 인물인 외삼촌 지그프리트가 의사 생활을 했던 이곳은 훗날 작품 「시골 의사」의 무대가 되기도 했다.

카프카는 학기 중에도 독일어 연극을 상연하는 극장을 정기적으로 방문하기도 하고, 주로 독일 학생들에 의해 개최되는 강연회나 문학작품 낭독회 같은 곳에도 자주 출입했다. 그러던 1902년 10월 이런 종류의 한 강연회에서 쇼펜하우어에 대한 연설을 하면서 니체를 "사기꾼"이라고 불렀던 평생의 친구 막스 브로트를 만나게 되었다. 막스 브로트는 당시를 이렇게 회상하고 있다.

강연이 끝난 후 나보다 한 살 위인 카프카는 나를 집까지 바래다주었다. 그는 거의 모든 모임에 참석했는데 그때까지 우리는 서로에게 눈길을 주지 않았다. 사실 그는 말수도 적고 외모 또한 지극히 평범해서 내 눈에 띌 가능성은 거의 없었다. 그래도 그 시절의 그는 다른 어느 때보다 비교적 마음이 열려 있었다고 할 수 있다.

카프카가 니체에게 관심을 가지고 지속적인 독서를 하게 된 데는 그가 고등학교 졸업 학년 무렵에 정기적으로 구독했던 잡지 『예술 파수꾼』의 영향이 컸다. 초창기에 니체도 공동 참여한 바 있는 이 계간지와의 만남은 카프카에게 외부에서 얻는 정보에 만족하지 않고 자기 내면에서 주변 세계에 대한 보다 깊고 새로운 인식에 접근할 수 있는 기회를 제공했다. 카프카는 이 잡지와 니체 읽기를 통하여 세상을 살아가기 위한 진리를 얻으려는 소망은 그 자체가 꿈이요 환상이며 미망이라는 인식에 도달하게 되었다. 그러니까 이 시기의 청년 법학도의 내면에는 막연한 불확실성, 자기 자신과 사물에 대한 소외 의식, 주변 세계와의 거리 등과 같은 부정적인 요소들의 싹이 자라고 있었다.

다시 시작한 법학 공부의 마지막 학기는 카프카에게 거의 고통으로 느껴졌다. 자유의지로 선택한 것이 아니라 아버지의 강요에 의한 전공 공부가 주는 심리적 압박감 때문에 그는 더 이상 학교생활을 견딜 수 없어, 1905년 7월 초 숲과 호수에 둘러싸인 자그마한 시골 마을 추크만텔에 있는 요양소를 찾았다. 그리고 정확히 10년 뒤 그는 막스 브로트에게 이렇게 편지를 쓰고 있다.

> 사실 나는 두 번의 경우를 제외하곤 결코 여자를 가까이 하지 않았다. 한 번은 추크만텔에서, 또 한 번은 리바에서였는데 추크만텔에서 그녀는 성숙한 여자였고, 나는 어린애였다.

프라하에서 멀리 떨어진 곳에서 만났던 두 여자와의 관계에 대해 카프카는 이후에도 철저하게 입을 다물었다. 이런 경험은 훗날 여자에 대한 카프카의 인상과 거듭 실패로 끝난 그의 약혼과 어떤 관련이 있는 것은 아닐까?

프라하로 돌아온 후 카프카는 박사학위 취득을 위한 구두시험 준비로 고통스런 몇 달을 보냈다. 그의 박사학위 시험과 관련된 학교 기록에 따르면, 심사 위원 5명 중 3명이 동의하여 가까스로 통과한 것으로 되어 있다. 또한 그의 시험 답안 내용에 대해서도 비록 전문적인 지식이 풍부하지는 않지만 재미있다고 기록되어 있다. 1906년 6월 18일 카프카는 법학박사 학위를 받았다. 그리고 일 년 후인 1907년 10월 카프카는 직업을 결정하고 나서 다음과 같이 쓰고 있다.

이제 나의 삶은 완전히 엉망이 되었다. 나는 하루 8시간에서 9시간까지 일하면서 봉급은 고작 80크로네밖에 안 되는 직장을 얻었다. 그러나 직장 밖에서 나는 시간을 마치 사나운 동물처럼 게걸스레 먹어치운다. 사무실에서는 일 끝나기 30분 전에도 일 시작할 때와 마찬가지로 8시간 노동이라는 부담감을 느끼게 되는 법이다. 그것은 마치 밤낮으로 이어지는 기차 여행과 같다. 이런 직업을 가지고 있는 사람들은 모두 비슷할 것이다. 그들은 업무가 끝나는 마지막 1분 전에야 비로소 기쁜 감정을 느끼기 시작한다.

1907년 카프카는 근무 규정이 엄격하기로 정평이 난 프라하의 민간 보험회사에 취직했다. 카프카는 직업 선택에는 무관심한 편이었으나 직장을 가짐으로써 부모로부터 경제적인 독립과 글 쓸 여건을 확보할 수 있게 되었다. 고등학교 친구인 오스카 폴락과 헤어진 후 카프카는 단조로운 직장생활 초반에 막스 브로트와 친분을 가지게 되었다. 그는 브로트를 통해 처음으로 프라하 근교를 자세히 알 수 있었고, 쉬는 날이면 함께 이탈리아 북부, 바이마르, 파리, 스위스 등지로 여행을 다녔다. 또한 카프카는 브로트의 주선으로 프라하의 문인 세계에 발을 들여놓았으며, 브로트가 소개해준 철학자이자 시온주의자인 펠릭스 벨취와 작가 오스카 바움과는 죽을 때까지 교우 관계를 유지하기도 했다. 보험회사에 다니는 동안 카프카는 고된 업무 때문에 글쓰기를 거의 중단해야 했다. 그래서 이 회사에 취직한 지 불과 4개월 만에 그는 다른 직장을 찾아 나섰으며, 2주 후인 1908년 8월에 노동자재해보험공사에 일자리를 얻게 되었고, 1922년 정년을 맞을 때까지 이곳에서 직장 생활을 했다. 근무 시간은 오후 2시까지여서 지난번 일자리보다는 조건이 훨씬 좋았다. 처음에는 임시직 공무원으로 일하다가 1910년부터는 정식 직원으로 채용되었으며, 1913년에 부서기, 1920년에 서기, 1922년에 서기장으로 승진했다. 카프카의 직장 생활이 기록되어 있는 근무표에 의하면, 그는 유능한 직원이었다고 한다. 그러나 보험공사라는 직업 세계의 일상적인 경험을 통해 카프카는 막연하나마 관료 세계에 대한 회의와 거부감을 갖게 되었다.

> 이 기구는 음침한 관료들의 소굴이며, 그 안에서 나는 유일하게 전형적인 유대인으로 일하고 있다.

직업상 카프카는 부상당한 노동자들과 관련된 일을 하면서 새로 인식하게 된 그들에 대한 시각을 친구 막스 브로트에게 다음과 같이 분명히 밝히고 있다.

> 이 사람들이야말로 얼마나 소박한가! 그들이 우리에게 오는 것

은 부탁하기 위해서라네. 그들은 모든 것을 두드려 부수러 보험국에 쳐들어오는 것이 아니라, 말하자면 간절한 청이 있어서 오는 것이라네.

부당한 행위로 고통 받는 노동자들과의 접촉은 카프카에게 특히 법원 관리에 대한 부정적 인식을 심어주었다. 현실적인 체험을 통해 카프카는, 법원 관리들은 노동자들의 권익을 위해서가 아니라 자기 자신만을 위해 존재하고, 또 법원이나 보험사무국은 관료주의적 이기심과 무질서가 지배하고 있음을 간파하게 되었다. 카프카가 보험국에 퇴직하기 직전에 쓴 개혁의 초안은 정의의 상징인 법원 기구에 대한 그의 불신을 잘 드러내주고 있다.

> 노동자와 고용주와의 관계는 법원의 개입 없이 신뢰의 관계로 처리되어야 마땅하다.

이와 같이 카프카가 체험했던 당시 법원 속에 숨어 있던 부정적 속성, 즉 비인간적인 관료주의의 모습은 그의 작품 『심판』에 등장하는 법원에 대한 비정상적이며 그로테스크한 묘사 속에서 재확인된다

보험공사를 다니던 1918년경 카프카는 약제사의 부인인

베르타 환타의 집을 정기적으로 방문했는데, 그녀는 당시 프라하에서 유명한 지식인들을 집에 초대하여 강연회를 개최하곤 했다. 수학자 코발레프스키, 물리학자 막스 플랑크와 아인슈타인, 철학자 에렌펠스 등이 그들이다. 환타 여사의 집에서 카프카는 아인슈타인의 상대성이론, 막스 플랑크의 양자론, 프로이트의 정신분석 이론 등 당시로선 최신 지식들을 접할 수 있었다. 환타 여사 집에서의 이러한 경험은 새로운 시대가 제기하는 제반 문제성과 관련하여 이후 카프카의 작품을 통해 나타나는 현대성의 스펙트럼 속에 용해되어 있다.

1924년 6월 3일 카프카는 누구보다도 폐쇄적이고 그래서 더 고독했던 짧은 삶을 마감했다, 자신이 죽은 후 남긴 원고는 모조리 불태워버리라는 유언과 함께. 그러나 원고는 그의 영원한 친구 막스 브로트에 의해 출판되어 오늘날에도 여전히 우리 곁에서 우리 모두를 더 큰 고독으로 이끌고 있다.

카프카의 여자들

 카프카와 여성들과의 관계는 카프카 자신의 일방적인 문제나 서로 간의 오해로 대부분 부자연스럽게 끝이 났다. 카프카는 펠리체 바우어와 두 번 약혼했으나, 두 번 다 파혼을 하게 되었다. 두 번째 파혼의 이유는 공식적으로는 건강 악화로 알려져 있다. 카프카가 그녀의 성적 매력이 아닌, 성격에 끌렸다는 점에서 두 사람의 관계는 육체적이라기보다는 차라리 문학적이었다고 할 수 있다. 카프카는 펠리체의 친구였던 그레테 블로흐와 편지를 주고받은 후에 다시 율리 보리체크를 만났다. 율리와의 세 번째 약혼도 아버지의 완강한 반대로 파혼으로 끝났다. 카프카는 자신의 작품을 체코어로 번역해 주기도 했던 밀레나 예젠스카와 정신적으로 거의 일치감을 경험하지만 둘 사이의 관계는 오래 지속되지 못했다. 카프카가 눈 감을 때까지의 몇 개월을 희생적으로 보살펴준 마지막 여자는 도라 디아만트였다.

펠리체 바우어 (1887~1960)

1912년 8월 13일 카프카는 『관찰』의 원고를 출판사로 보내기 전에 한 번 더 교정을 보려고 브로트를 찾아갔으나, 그는 없고 베를린 출신의 펠리체 바우어(당시 24세)가 있었다. 카프카는 펠리체의 존재가 자신의 운명에 내려진 확고한 하나의 선고라고 회상할 정도로 그녀와의 첫 만남은 강렬했다. 그해 9월 20일 펠리체에게 첫 번째 편지를 보내고 만난 지 두 달여 만에 그녀를 "가장 사랑하는 여인"이라고 부를 정도로 두 사람의 관계는 급진전되었다. 카프카는 그녀에게 좀 더 가까이 다가가기 위해 거의 매일 편지를 보냈는데, 그 속에 자신의 가족과 친구, 작품에 대해 상세히 언급했다. 그녀와 카프카가 주고받은 350통의 편지와 150통의 엽서 중 절반 가까이가 1912년 9월 20일부터 1913년 3월 사이에 쓰여졌다. 거의 5년 동안 카프카에게 내적 고통과 함께 삶의 환희를 맛보게 했던 펠리체와의 만남은 결국 두 번씩이나 파혼하는 비극적인 상황으로 끝나지만, 그러한 과정 자체는 카프카의 입장에서 보면 창작 활동에 큰 활력소가 되었던 것은 사실이다. 카프카는 9월 22일

펠리체에게 보낸 카프카의 편지, 주소는 그녀가 다니던 직장 Carl Lindstrom으로 되어 있다.

밤부터 23일 새벽에 걸쳐 단숨에 「선고」를 완성했으며, 같은 달 25일에는 훗날 『아메리카』라는 제명으로 출판된 장편 『실종자』를 쓰기 시작하여 11월 말까지 계속했다. 어느 날 아침 침대에 누워 미적거리던 카프카에게 그 전체 이야기의 골격이 문득 떠올랐다는 「변신」 역시 11월에 완성되었다. 같은 해 12월 중순에는 로볼트 출판사에서 『관찰』이, 이듬해 5월에는 「화부」가 쿠르트 볼프 출판사에서, 6월 초에는 「선고」가 아르카디아 출판사에서 각각 출간되었다.

펠리체는 1899년부터 베를린에서 거주했다. 처음에는 녹음기 회사에서 속기사 겸 타자수로 일하다가 능력을 인정받아 지배인으로 승격했다. 회사에서의 높아진 위상에 걸맞게 그녀는 부자 동네인 서부 베를린의 빌머스도르프가에 새로운 보금자리를 마련했다. 카프카는 항상 그녀의 세속적인 능력과 명랑하고 건강한 성격에 감탄을 금치 못했다. 1913년 4월 베를린에 있는 아스카니셔 호프 호텔에서 재회한 두 사람은 베를린 근교를 산책하면서 둘 사이의 사랑을 확인했고, 같은 해 6월 중순 카프카는 다시 베를린을 방문하여 그녀에게 청혼을 했다. 처음에 카프카는 그녀와의 결혼이 의미 있는 일이라고 생각했다. 하지만 여름부터는 결혼하게 되면 더 이상 혼자만의 시간을 가질 수 없고, 따라서 글쓰기 작업을 할 수 없을지도 모른다는 막연한 불안감에 사로잡히기 시작했다. 9월 16일 이탈리아 베니스로 여행을 떠난 카프카는 그곳에서 펠리체에게 헤어지자는 편지를 보냈으며, 이후 6주 동안 두 사람 사이에 편지 왕래는 완전히 끊어졌다. 카프카는 9월 22일부터 10월 13일까지 요양소에 머물게 되었는데, 그는 이곳에서 18살짜리 스위스 처녀와 밀애를 즐기기도 했다. 이 시기에 저질렀던 자신의 부정한 행위를 카프카는 펠리체에게 보낸 12월 29일자 편지에 고백했다.

같은 해 10월 카프카는, 소원해진 두 사람의 관계를 회복시켜주려는 펠리체의 친구 그레테 블로흐를 처음으로 만났다. 카프카가 펠리체와 거리를 둔 시기에 만나게 된 그레테는 그의 편지 친구가 된 셈이었다. 1913년 10월 19일부터 시작된 두 사람의 서신 왕래는 1914년 10월 15일까지 약 일 년 동안 계속되었다. 그레테는 이탈리아로 이주하면서 카프카에게서 받은 편지의 일부를 펠리체에 넘겨주었다. 훗날 독일 군대가 이탈리아로 진입했을 때 블로흐는 다른 유대인들과 함께 체포되었고, 유대인 강제수용소에서 사망한 것으로 추측된다.

1914년 부활절날 그레테의 중재로 카프카는 펠리체를 다시 방문하여 두 사람은 9월에 결혼식을 올리기로 합의했으며, 5월 30일 공식적으로 약혼을 했다. 카프카의 부모는 펠리체를 흔쾌히 받아들였는데, 그녀의 밝고 명랑한 성격이 카프카의 반시민적인 생활 태도를 개선하는 데 긍정적인 역할을 해주길 내심 바라고 있었기 때문이다. 밤늦도록 글을 쓰면서 잘 먹지도 않는 아들을 걱정하는 어머니의 마음은 1912년 12월 펠리체에게 보낸 어머니의 편지에 고스란히 담겨 있다. 약혼 직후부터 카프카는 그런 형식적인 약혼식 자체가 고문이요, 심지어 자신은 진퇴양난에 빠져 있다고 생각했다. 카프카와 같은 집에서 함께 생활할 수 있다는 기대에 부풀어 있는 펠리체의 모습에 카프카는 몹시 불안함을 느낀 나머지 마치 자신이 범죄자처럼 구속되어 있다고 느낄 정도였고, 그녀와의 대화 자체를 법정에서의 심판 과정처럼 받아들이기에 이르렀다. 카프카는 7월부터 장편 『심판』의 집필에 착수하면서 펠리체로부터의 탈출을 시도했다. 그것은 무엇보다도 결혼 때문에 자신의 글쓰기 작업이 방해받을 수도 있고, 더 나아가 자기 내면에 깊숙이 들어와 있는 사랑하는 사람 때문에 자신의 정체성을 상실할 수도 있다는 두려움 때문이었을 것이다. 1914년 7월 12일 카프카는 결국 파혼했으며, 파혼의 아픔을 달래보려는 듯 8월부터 다시 글쓰기에 전념했다. 그동안 써왔던 『심판』외에『실종자』의 마지막 장을 끝낸 후, 10월에는「유형지에서」, 12월에는 나중에『심판』속에 삽입시킨 비유설화「법 앞에서」가 완성되었다. 그리고 1915년 1월 카프카는 다수의 단편 작품들을 탈고했다.

카프카와 펠리체는 1915년 1월 23일 독일과 체코의 국경 마을인 보덴바흐에서 파혼 후 처음으로 다시 만났다. 그 후 1916년 7월 2일부터 12일까지 마리엔바트에서 함께 휴가 여행을 하면서 재결합의 가능성을 모색한 두 사람은 그곳에서 비공식적으로 두 번째 약혼을 했다. 카프카의 마음속 갈등은 여전히 남아 있었지만 결혼을 통해 사회적으로 안정된 생활의 토대를 마련해보려는 그의 욕구 또한 강했다. 과거의 사실은 잊은 듯 차분하게 가라앉은 펠리체의 눈빛과, 자신을 이해해주고 포근하게 감싸주는 그녀의 여성적인 부드러움은 카프카의 결혼 의지를 굳게 했다. 두 사람은 베를린으로 거주지를 옮겼으며, 1917년 7월 초 프라하에서 공식적으로 약혼했다. 그러나 8월 9일 밤에 카프카는 결핵 증세가 심해지면서 피를 쏟았다. 의사의 진단은 기관지 카타르였다. 카프카는 친구 브로트에게 이 병이 펠리체와의 결혼으로부터 자신을 구해줄 것이라고 했다. 같은 해 9월 최종적으로 폐첨(肺尖) 카타르라고 진단한 의사들은 카프카에게 급성 폐결핵을 염려하여 3개월의 요양 명령을 내렸다. 9월 12일부터 누이동생 오틸리에가 있는 취라우에서 요양 중이던 카프카를 펠리체는 같은 달 20일 문병했으나, 점점 멀어지는 두 사람의 관계는 더 이상 회복이 불가능해 보였다. 10월에 카프카는 펠리체에게 마지막 편지를 보냈으며, 그해 성탄절에 만나 파혼 의사를 확인한 두 사람에겐 영원한 작별만 남게 되었다. 펠리체는 1919년 3월 베를린의 부유한 사업가와 결혼하여 스위스에서 살다가 후에 미국으로 이주했다.

율리 보리체크 (1891~1944)

1918년 가을 카프카가 체코 프라하의 북쪽에 있는 마을 쉘레젠에서 결핵 치료를 받고 있던 중 28살의 율리 보리체크를 만났다. 신발을 만들어 팔면서 유대 교구의 일을 돌보던 프라하 유대인을 아버지로 둔 그녀는 자그마한 양장점을 경영하고 있었다. 카프카는 그녀에 대한 애정이 깊어갈수록 실패로 끝난 펠리체와의 두 번에 걸친 결혼 시도 때문에 정신적 고통을 겪어야 했다. 요양 치료가 끝난 후 다시 프라하에서 만난 두 사람은 결혼을 결심했고, 1919년 여름에 카프카는 아버지의 심한 반대에도 불구하고 율리와의 약혼식을 결행했다. 그러나 1919년 11월 결혼식을 불과 이틀 앞두고 그 당시 전후(戰後) 사정 때문에 집을 구하기가 어렵던 프라하에서 미리 계약한 집에 들어갈 수 없는 상황이 벌어지자, 카프카는 이를

카프카의 약혼녀 율리 보리체크.

불길한 징조로 여기고 다시 약혼을 파기했다. 파혼의 상처를 달래려고 쉘레젠으로 간 며칠 동안 카프카는 그곳에서 작품 「아버지께 드리는 편지」를 완성했다. 율리와의 파혼도 펠리체의 경우와 마찬가지로 결국 결혼에 대한 카프카의 확고한 의지가 없었기 때문이라고 볼 수 있다. 비록 아버지의 완강한 결혼 반대와, 자신의 폐결핵 악화 및 문학에 대한 병적인 집착, 그리고 신혼집을 마련하지 못한 것 등이 파혼의 여러 이유가 되겠지만 결정적인 것은 무엇보다 현실적인 삶을 돌파하려는 카프카의 의지 부족이었다. 이는 유년 시절부터 쌓여온 카프카 자신의 불안정한 심리 상태에서 기인한 것으로 볼 수 있다.

밀레나 예젠스카(1896~1944)

1920년 6월 12일 카프카는 밀레나에게 "비록 내가 당신을 다시는 보지 못한다고 하더라도 당신은 나의 일부분입니다."라는 내용의 편지를 보냈다. 카프카가 쓴 가장 아름다운 연애편지는 대부분 밀레나에게 보낸 것이다. 카프카의 이 편지들을 통해서 밀레나는 위대한 작가의 연인으로 후세의 기억 속에 영원히 남아 있다. 그러나 이것은 밀레나에게는 부당한 평가가 될 수도 있다. 그녀는 자유주의자로서 1920년대와 1930년대 프라하의 주요 신문에 글을 썼던 뛰어난 언론인이기 때문이다. 여성의 동등한 지위와 사회의 정의 구현을 위한 그녀의 일관된 글과, 이를 위한 실천적인 그녀의 삶은 여전히 카프카의 그늘 속에 잠겨 있다.

17살 때 어머니를 잃고 프라하의 인문계 고등학교를 다니던 밀레나는 수업이 끝난 오후에 시내 주변을 산책하다가 독일계 유대인들의 모임 장소인 카페 아르코에 드나들게 되었다. 치과의사이자 교수였던 그녀의 아버지는 어릴 때부터 개성이 강하고 매사에 고분고분하지 않은 고명딸을 돌봐줄 시간도 관심도 없었다. 이 커피 집에서 그녀는 막스 브로트와 프란츠 베르펠과 같은 작가들도 알게 되었다. 그녀는 19살이 되던 해 에른스트 폴락과 사랑에 빠졌는데, 독일계 유대인인 그는 그녀보다 10살 위였다. 밀레나의 아버지는 두 사람의 교제를 막으려고 그녀를 한동안 정신병원에 감금시키기도 했는데, 당시 그녀의 병명은 도덕 불감증이었다. 9개월 후에야 비로소 그녀는 정신병원에서 퇴원할 수 있었다. 기독교 집안 출신인 그녀는 1918년 아버지의 반대를 무릅쓰고 폴락과 결혼한 후 비엔나로 이주했다. 이들의 결혼생활은 경제적인 어려움 때문에 행복하지는 못했다. 1919년 그녀는 프라하의 체코어 신문에 기사와 수필을 쓰기 시작했으며, 그 즉시 그녀는 언론인으로 명성을 얻었다. 같은 해 10월 말 그녀는 당시 「유형지에서」를 막 출간한 젊은 작가 카프카에게 그의 몇몇 단편을 체코어로 번역할 수 있게 허락해달라는 내용의 편지를 보냈다. 독일 문학사에서 가장 감동적인 편지 왕래는 이렇게 시작되었다. 1919년 말 그녀는 「화부」를 체코어로 번역했다는 사실을 카프카에게 편지로 알렸다. 그 후 일 년 동안 카프카는 자신의 표현대로 "글로 쓴 키스"를 밀레나에게 줄기차게 보냈다. 1921년과 1922년 사이에 그녀는 여러 차례 프라하로 카프카를 찾아갔다. 카프카는 완전한 신뢰감의 징표로 그녀에게 자신이 쓴 모든 일기와 『실종자』의 원고를 넘겨주었다. 편지와 방문을 통한 두 사람의 은밀한 관계가 발전되면서 카프카는 비엔나에서 그녀를 만나 폴락과 헤어질 것을 요구하지만 그녀는 단호하게 거부했다. 1924년 6월 3일 카프카가 죽자 밀레나는 같은 달 「나로드니 리스티」 6일자 신문에 카프카에 대한 추모 글을 게재했다.

1925년 밀레나는 폴락과의 7년간의 결혼생활에 종지부를 찍고 프라하로 돌아왔다. 그녀는 프라하의 자유민주주의적 경향의 「나로드니 리스티」 신문의 여성란을 맡아 기사를 쓰면서 자신의 예전 모습을 다시 찾으려고 애쓰기도 했다.

1926년 그녀는 건축가 야로미르 크레에카와 재혼했으며, 2년 뒤 관절염을 앓으면서도 아이를 갖고 싶어 하는 그녀의 강인한 의지 덕분에 딸은 건강한 모습으로 세상의 빛을 보게 되지만 그녀의 다리는 불구 상태에서 회복되지 못했다. 그녀는 고통 때문에 늘

카프카의 연인이자 뛰어난 언론인이 었던 밀레나 예젠스카.

모르핀 주사를 맞아야 했고, 이 어려운 상황으로 결혼생활을 더 이상 지속할 수 없게 되었다. 1936년까지 밀레나는 공산당과 밀접한 관계를 맺고 문필 활동을 통해 당의 이념을 지원하기도 했다. 그 후 그녀는 『포이톰노스트』 잡지사의 편집인이 되어 많은 정치적 르포를 발표했다. 나치 정권이 체코를 점령한 후 그녀는 망명자들을 돕는 일에 적극 가담했으며, 1939년 나치 정권의 비밀경찰에게 체포되어 라벤스브뤼크 유대인 포로수용소에 수용되었다. 이곳에서 그녀는 여류 작가 마르가르테를 알게 되었으며, 수용소의 열악하기 짝이 없는 비인간적인 생활환경은 오히려 두 사람 사이에 깊은 우정과 신뢰를 쌓게 하는 계기가 되었다. 훗날 마르가르테는 저서 『밀레나-카프카의 연인』에 밀레나를 위한 기념비를 세워주기도 했다. 1944년 5월 17일 밀레나는 라벤스브뤼크에서 사

망했는데, 이때 그녀의 나이는 47살이었다.

도라 디아만트 (1902~1952)

1923년 7월 초부터 8월 6일까지 카프카는 여동생 엘리와 그녀의 두 아이와 함께 북부 독일의 발트해 근처 뮈리츠에서 휴양을 겸한 휴가를 보냈다. 그는 그곳에 유대인 어린이보호소에서 보모로 일하던 도라 디아만트를 만나 사랑에 빠졌다. 그해 9월 26일 카프카는 도라와 함께 베를린으로 이주했으며, 그녀와 지내는 처음 몇 달 동안 생애 최고의 행복과 만족감에 사로잡혔다. 카프카의 표현대로 그녀는 카프카를 완전히 이해하고 있었으며, 그녀의 사랑은 모든 면에서 절제가 있었고 남을 우선적으로 배려하고 보살핀다는 점에서 일방적이고 이기적인 밀레나와는 거리가 멀었다. 카프카는 세상을 뜰 때까지 도라가 자신을 잘 보살펴줄 것이라는 생각에 청혼을 하지만 그녀의 아버지가 강력히 반대했다. 1924년 1월 말 카프카는 베를린에서 두 번째 이사한 후 3월 말에 다시 병세가 악화되어 막스 브로트와 외삼촌 지그프리트가 베를린으로 와서 그를 프라하로 데려갔다. 카프카는 결핵균이 후두에까지 잠식해 들어가 더 이상 치료가 불가능한 상태가 되었다. 4월 초 카프카는 비엔나 근교의 요양소 두 곳을 전전한 후 최종적으로 키어링에 있는 호프만 박사의 요양소로 옮겨졌고,

도라가 밤낮으로 카프카를 돌보아주었다. 그 사이에 영원한 친구 막스 브로트가 한 차례 더 방문했다. 1924년 6월 3일, 자신의 41번째 생일을 꼭 한 달 앞두고 카프카는 조용히 눈을 감았다. 그리고 그가 그토록 떠나고 싶어 하면서도 항상 다시 돌아올 수밖에 없었

카프카의 임종을 지켰던 도라 디아만트.

던 영원한 고향 프라하의 흙 속에 묻혔다. 카프카가 마지막 숨을 거둘 때 도라가 그의 곁을 지켰다. 두 사람의 공동생활은 비록 짧았지만 동유럽 유대인의 명문 집안 출신인 도라를 통해 카프카는 유대 민족의 경건한 세계로의 회귀적 본능에 새롭게 눈을 떴다. 유대 민족의 종교적인 세계를 향한 카프카의 집착 속에는 동시에 그의 근본적인 귀향 욕구가 잠재되어 있었다. 현실적인 귀향을 감행하지 못한 카프카에게 이러한 귀향 욕구는 시오니즘에 동참하여 신성한 유대 민족 땅에서 새로운 삶의 시작이란 개념과 동일시된다. 1923년 여름 그는 도라 디아만트와 실제로 예루살렘으로 이주할 것을 신중히 고려했지만 신성한 땅에 발을 들여놓을 만큼 자신이 순수하지도 않고, 자격도 없다고 느낀 나머지 포기하고 말았다. 작품 「귀향」에서처럼 그의 귀향 희망은 먼 미래의 일로 남겨진

것이다. 「선고」『성(城)』『심판』 등 여러 작품 속에서 배어나오는 카프카의 향수, 다시 말해서 활기 넘치는 유대 민족과 그 민족이 줄 수 있는 정신적인 땅을 향한 카프카의 귀향 욕구는 적어도 그의 현실적 삶의 과정에서는 실현되지 않았다.

카프카와 성(性)

카프카의 개인적인 경험으로 볼 때 많은 금기 사항으로 제한되고 있는 성(性)은 일종의 더러움과 동일한 지평에 놓인다. 일반적인 의미에서 시민적 삶의 형태 속으로 들어갈 수 없다고 스스로 판단한 카프카는 일생 동안 결혼이라는 과제 앞에서는 무릎을 꿇어야 했다. 그는 여성과의 결혼을 통한 성적인 생활을 포기할 수도 없고 현실의 삶이 부과하는 모든 종류의 의무를 받아들일 수도 없는 상황을 자신의 인간적인 무능력 또는 불능성으로 이해했기에, 그가 인간과의 교류를 떠나 글쓰기 작업 속으로 도피한 것은 당연한 수순이었다. 카프카의 작품 속에 등장하는 여성 인물들을 살펴보면, 그들 대부분이 인간관계에서 오직 성적인 면만 부각되는 부정적인 모습으로 묘사되고 있음을 알 수 있다. 다소 멍청해 보일 정도로 단순하며 성적으로만 발달되어 있는 이러한 여성 인물들의 역할은 내면적인 개성의 발전보다는 기능적인 면에 제한되어 있다. 그러니까 개성이나 정신적인 변화 과정에 대한 묘사가 생략되어 있는 여성 인물들은 현실에서 여성에 대해 근본적으로 견지하고 있는 카프카의 부정성을 대변해준다고 할 수 있다.

밀레나에게 보내는 편지에 카프카는 성적인 행위란 항상 혐오나 더러움과 필연적으로 연결되어 있다고 쓰고 있다. 이러한 연관 관계에서 더 나아가 심지어는 사랑하는 사람과의 육체적 관계는 반드시 사랑의 소멸을 초래한다고 주장했다. 이러한 카프카의 여성관은 그의 여성 인물들이 남성들의 탈취 욕구의 희생물인 동시에 남성의 동물적 충동을 불러일으키는 역할을 담당하는 데 기여했다. 이러한 충동은 남성들로 하여금 힘과 절제를 상실하게 하여 그것이 소멸될 때까지 여성들의 마법 속에 갇혀 있게 만든다. 결국 승리자와 희생자의 역할이 항상 바뀔 수 있는 성적인 투쟁의 결과는 카프카의 경우 인간의 자기동일성의 위기라는 상황과 관련되어 있다. 성적인 충동이 인격의 해체를 초래할 수도 있다는 카프카의 견해는 카프카와 동시대 사람인 오토 봐이니거의 이론과 일치한다. 반유대주의자이며 여성 적대자인 그는 여성의 본질은 오직 성적인 감정과 행위일 뿐이며, 반면에 남성의 본질은 성적 충동으로부터의 해방을 통한 인격의 발전에 있다고 주장했다. 그러니까 오토의 결론은 금욕을 통해서 성으로부터 해방될 수 있는 남성은 성적인 영역에 사로잡혀 있는 여성보다 상위에 존재한다는 것이다.

성적인 것을 천하고 저급한 것으로 간주하면서도 그것으로부터 해방될 수 없었기에 카프카의 여성에 대한 관계는 양면일 수밖에 없었다. 사랑으로 가는 길은 항상 더러움과 고통을 통과할 수밖에 없고, 사랑의 충동은 자신과 같은 유대인에게 더러운 세상을 의미 없이 방황하게 하는 숙명을 부여하고 있다는 카프카의 고백 속에는 근본적으로 염세적인 그의 인간관이 녹아 있다. 개인적인 기질과 그가 받은 교육에서 비롯된, 자기 자신을 포함한 일반적인 인간 존재와 성적인 것에 대한 카프카의 부정적 인식은 멀리는 서양의 윤리신학적·철학적 전통 속에 그 뿌리를 두고 있다. 그 자체로 서양사의 문제적인 발전 과정을 대변해주는 카프카의 부정적 자기인식과 이중적 염세주의는 자연의 법칙을 배반하면서 발전해온 서구 문화의 한 단면으로 이해될 수 있다. 교회와 학교로부터 강요된 성에 대한 혐오감은 카프카의 의식 깊숙이 자리하고 있다. 원래 유대교는 인간의 성을 신의 선물로 받아들였다. 그러나 유대교의 율법서인 탈무드의 계율에 의해 성에 대한 긍정성과 인간 삶의 자유로운 형식은 제거되었다. 탈무드의 법은 성적인 충동을 불결하고 범죄적인 것으로 저주한다. 그러니까 가족과 결혼 및 아버지의 권한을 지고한 것으로 간주하는 긍정적인 측면과, 성적인 것을 도덕적으로 거부하는 부정적인 측면, 이 두 가지가 카프카의 내면에 혼재되어 있는 것이다. 유대교와 기독교적 전통에 의해 한층 더 강화된 카프카의 부정적 입장은 그가 창조한 여성 인물의 행동 양식 속에 뚜렷한 흔적을 남기고 있다. 남성 지배적인 문화 속에서 고착화된 성에 대한 혐오감은 여성에 대한 멸시나 공격적 행위로 표현되기도 한다. 이미 아담의 아내 이브를 파멸을 야기하는 유혹자로 폄하하는 교회의 여성에 대한 적대성 속에서 여성적인 것과 성적인 것에 대한 평가 절하의 역사적 기원을 인식할 수 있다. 감각적이며 육체적인 사랑 속에 내재된 자연스러운 아름다움의 의미를 죄의식을 통해 훼손시키는 유대교적·기독교적 성윤리학의 전통은 카프카의 경우 자기비하와 자기혐오로 이어졌다.

2장 — 카프카 작품의 현대적 의미

Franz Kafka

현대 예술과 카프카

　일반적인 의미에서 자연인이 아니라 무엇을 만드는 사람을 지칭하는 예술가는 삶을 창조적 행위로 대체함으로써 삶 자체를 회피하거나 심지어는 기만하는 사기꾼이라는 혐의를 항상 동반한다. 예술을 이유로 자연스런 삶을 착취하는 작가의 자기 정당성의 문제는 예술의 완전성과 같은 지평에 선다. 그렇다면 예술의 완성이란 과연 사회적인 심급(審級)에서 가능한 것일까. 그것은 오히려 예술가 내면의 심급에 관련된 것이 아닐까. 이런 의미에서 예술을 성스럽게 종교화하거나 우상화하는 것은 모두 우스꽝스러운 일이 아닐 수 없다. 그러한 예술적 위임은 진정한 예술과는 거리가 먼 기대지평에서 예술을 유지시키기 때문이기도 하다.

현대 예술과 관련하여 우선 카프카의 의미는 이러한 우상 파괴와 관련이 있을 것이다. 비평가의 상당수는 현대의 중요한 작품들 속에는 "어리석고 어릿광대 같은 요소"가 내포되어 있다고 지적한다. 예컨대 카프카 자신뿐만 아니라 그의 주인공들의 행위 속에 내재된 예술성은 고전적인 의미에서 볼 때 거룩하고 고상하고 교훈적인 요소들로 무장되어 있지 않다. 오히려 카프카적 예술은 그의 마지막 작품집 『단식 예술가』의 주인공들이 웅변해주듯이 예술의 완전성에 대한 집념 외에는 아무것도 고려하지 않는다. 그러니까 더 이상 목적적이지도 고상하지도 못한 카프카의 예술은 그 속에 내재된 비성찰적 성격 때문에 현대 예술의 중심에 선다. 더 이상 일반 대중으로부터 존경과 경탄의 대상이 되지 못하는 예술은 현대에서는 그것의 단순한 실존을 통해 예술가의 내면화 과정을 겪게 된다.

서커스와 같이 고상한 것과는 거리가 먼, 소위 낮은 예술을 행하는 자들—곡예사·체조사·마술사 등—이 현대 예술의 미학의 주인공으로 상승한다. 미천하고 가난하고 익명적인 그들 삶의 상태는 삶으로부터 위협받는 예술의 상태를 보여준다. 그들의 육체가 보여주는 슬픈 침묵은 대중과의 의사 단절이라는 현대 예술가들의 소외적 실존과 무목적성을 대변한다. 그러나 우리는 그들의 예술적 행위 속에 깃든 진지함

사이로 새로운 예술의 거대한 야망을 들여다본다. 그것은 현대 예술이 갖는 실험적·비모방적·비목적적 원리요, 가장 진지한 예술적 미학의 원리이다. 사회에서 기득권을 포기한 그런 미천한 예술가는 현대사회라는 시장에서 팔려야만 하는 필연적 강요의 위험, 즉 교환 가치의 운명에서 스스로 탈피하여 상품 가치로서의 순수한 실존의 예술적 미학을 획득한다. 예술의 완전성에 대한 집념은 동시에 예술에 대한 절망과 저주를 수반한다. 예술가들이란 때로는 커튼이 쳐진 창문 뒤에서, 때로는 골목길에서 무언가를 듣지만 곧 다시 그림책으로 몰입하는 아이처럼 자아도취자들이다. 이러한 자기도취적 열정은 예술에 대한 확신과 의심, 자기숭배와 자기비하라는 이중의 변증법을 보여준다.

사실 자기도취와 자기파괴는 세기말의 서양 미학에서 가장 중요한 자기비판적 동기이다. 독일 문학의 경우 그릴파르처의 「가련한 악사」(1847), 호프만스탈의 「바보와 죽음」(1893), 카프카의 「단식 예술가」(1924), 토마스 만의 『키 작은 프리데만 씨』(1897)와 「토니오 크뢰거」

프라하의 한 공원에 세워진 카프카의 동상.

(1903), 하인리히 뵐의 『어느 어릿광대의 고백』(1963) 등은 예술 비판을 주제로 하는 대표적 작품들이다. 이들 작품에 등장하는 주인공들은 일종의 변형된 예술가에 해당하는데, 그들은 모두 고전적 의미에서의 고상한 예술가와는 거리가 멀다. 그들은 예술의 완전성 및 삶과의 관계에서 이중의 문제적 상태에 빠지게 된다. 심지어 베케트는 진정한 예술가가 되려는 시도는 항상 실패로 끝나는 법이라고 말한다. 서양 미학의 이러한 자기비판은 예술보다는 오히려 예술가를 겨냥한다. 즉, 미학적 실존이 문제가 되는 것이다. 미학적 실존은 시민적 실존의 훼손을 담보로 하며 예술가는 자기동일성을 갖지 못하기 때문이다.

그러니까 자기동일성의 위기로 특징되는 현대에서의 예술은 마치 실패를 예견하면서도 자신의 영혼을 찾아 길을 떠나지 않을 수 없는 카프카의 주인공들이 처한 상황처럼 비극적이며, 심지어 죄악인 것이다. 자아분열과 자기동일성의 위기 상황이라는 현대의 훼손된 가치 체계에서 인간의 영혼, 즉 삶의 진정한 가치를 찾는다는 것이 과연 가능한 것인가에 대한 대답은 현대 예술의 몫이 된다. 따라서 현대에서의 예술은 전체적으로 우울함을 내포하고 있으며, 그러한 우울함은 역사철학적 인식을 통해 자위(自慰)의 근거를 마련할 수 있을 것이다.

지난 수십 년 동안 단식 예술가에 대한 관심은 매우 줄어들었다. 예전 같으면 직접 무대에서 그런 대공연을 하면 보수도 많이 받았지만 오늘날에는 완전히 불가능하게 되어버렸다. 시대가 변한 것이다. 그 당시에는 온통 도시가 단식 예술가에 몰두해 있었다. 단식이 진행되면서 관심은 높아져 갔고, 모든 사람은 적어도 하루에 한 번은 단식 예술가를 보려고 했다. 나중에는 하루 종일 단식 예술가가 들어 있는 작은 동물 우리 앞에 앉아 있는 예약자들도 생겨나게 되었다.

이렇게 시작되는 카프카의 「단식 예술가」는 사회 속에서 예술의 의미와 예술가의 상황을 다루고 있다. 이미 작품 「변신」에서 벌레로 변한 주인공 그레고르의 상황이 말해주듯이 '단식 예술가'라는 제목 자체는, 예술가란 일반적인 삶을 지탱해주는 지상의 음식에 대한 포기를 전제로 자신의 예술적 능력의 특별성에 도달할 수 있다는 사실을 암시한다. 그의 단식 행위 속에는 예술에 대한 어떤 동경이 내재되어 있다. 그것은 현대 인간들의 삶의 범주 속에서는 도저히 가능할 수 없는, 어쩌면 현실적인 삶의 조건 속에서는 결코 도달할 수 없는 유토피아적 목표를 향한 동경이다. 그러니까 단식 예술가의 모습은 오늘날의 예술가의 고독을 온몸으로 확인해주며, 그 당시 "온통 도시가 단식 예술가에 몰두해 있던" 시대에 대한 우울한 회상을 불러일으키게 한다. 단식 예술가가 모든 이의 관심의 대상이었던 시대는 자아와 세계가 본질적으로 서로 같고 영혼과 행위가 일치하는 시대로, 루카치적 의미에서 서사시의 시대라고 할 수 있다.

예술의 형식과 삶의 형식이 일치하는 고대의 서사시적 시대와는 달리, 단식 예술가와 같이 카프카의 주인공은 대개 예술과 삶의 일치가 깨어진 현실 상황에 대한 고통스런 인식을 통해 독자적인 의식으로 깨어난다. 현대의 성립 과정에서 육체와의 불일치와 삶 속에서의 제한을 경험한 그들의 정신은 순수한 자기표현으로서 현실과의 단절과 대립적 태도를 지향하게 된다. 그들은 자신의 예술성을 현실에 대립시키고 현실의 제반 삶의 형식 속에서 자기 성취를 불가능하게 만드는 저 고통스런 분열에서 어떻게든 벗어나려고 한다.

그러나 현실에서 진실의 도달 불가능성을 인식한 그들은 현실의 삶의 제반 형식들에 내재된 공허함과 통속성을 통찰한다. 이러한 인식은 그들로 하여금 삶의 형식에로의 순응을 강요하며, 궁극적으로는 자아를 구현할 수 없게 만든다. 따라서 그들에게는 자살의 형태든 주변 세계와의 체념적인 타협이든 둘 중 하나의 해결이 주어지게 되어 있다. 현실의 분열과 대립 현상이 너무도 고통스럽기에 카프카의 주인공들은 예술성과 인간성을 파괴하지 않고서는 계속해서 견디어낼 수 없는 것이다.

영혼과 행위의 분열과 불일치를 특성으로 하는 현대에서 몸에 착 달라붙는 검은색 옷을 입고, 앞으로 툭 불거진 갈비뼈를 내보인 채 창백한 얼굴을 한 단식 예술가는 힘들게 도달한 정신의 승리를 자신의 육체적 허약함으로 증명해준다. 예술의 완전성을 향한 목표를 위해 단식 예술가는 일상적인 모든 안락함을 경멸한다. 그는 완전성이라는 목표를 향한 길을 외부 세계와 단절한 채 자기 내면에서 발견한다. 그는 자기 자신 속에 몰입한 채 자기 내면의 소리를 듣기 위해 현실의 시간을 잊는다. 현실성의 망각을 통해 단식 예술을 위한 힘이 창조되기 때문이다. 현실을 담보로 예술을 한다는 부자연스러운 상황은, 진정한 현실은 언제나 비현실적일 수 있다는 명제를 가능하게 한다. 이런 의미에서 부자연스럽고 비현실적인 것 속에 진정한 가치가 있다는 것은 현대라는 시대적 비극의 핵심이라고 할 수 있다.

단식 예술가가 보여주는 예술의 정수는 그야말로 단식이다. 단식은 지상의 음식을 거부하는 것이며, 결국 그것은 죽음을 예고한다. 단식은 우리가 활발한 삶의 육체성 속에서 추방시킨 정신의 굶주린 모습을 상징한다. 단식은 세속적인 모든 만족에 대한 거부이다. 그래서 단식이란 예술은 철저히 정신적인 발언에 대한 메타포가 된다. 정신적 자유가 단식이라는, 삶으로부터 소외된 상태에서만 가능하다는 것은 현대 예술의 모순이며, 따라서 그것은 극복을 필요로 한다. 사회에 대한 예술의 소외 상태를 극명하게 보여주는 단식 예술가의 몸짓에서 우리는 자아도취와 자기비하의 이중 구조를 발견하게 된다.

사회 속에서 현대 예술의 기득권 포기로 상징되는 현대 예술의 파편화는 결과적으로 현대 예술에서 해석의 일방성이나 고정성이 아니라 다양성을 초래한다. 즉, 예술성에 대한 평가는 오로지 미학적이고 규범적인 범주 속에서만 이루어지는 것이 아니라 다양한 가치 기준을 갖게 된다. 예술성을 평가하는 데 다양한 가치를 적용하는 것은 역시 인간 해방을 그 중심으로 한다. 지금까지 인간에게 많은 고통을 주었던 신화의 늪으로부터 인간을 해방시키고 인간을 실질적인 역사의 주체로 만들기 위해서는 전통적인 사고방식—목적론적이며 운명론적인 사상—을 파편화하는 것이 우선이다. 이를 위해 예술적 방법론으로는 기존의 언어와 현실의 해체가 선행되어야 할 것이다. 여기서 말하는 현실 해체란 아리스토텔레스 이후 현실 모사의 원리로서 줄기차게 영향력을 행사해온 미메시스적 예술 원리에 대한 전면적인 도전의 원리로 이해될 수 있다.

미메시스적 현실 모사의 가장 일반적인 예로 우선 『홍길동전』을 생각해보자. 제목이 암시하듯이 『홍길동전』은 같은 이름의 주인공의 영웅적 모습을 보여준다. 또 서사 문학의 효시로 손꼽히는 호머의 『오디세이』는 오랜 방랑 생활 중 수많은 어려움에 봉착하면서도 무사히 난관을 극복하고 결국 고향으로 돌아오는 주인공의 영웅적인 모습을 보여준다. 호머의 주인공은 모험을 찾아 길을 떠나고 또 여러 가지 모험의 경험을 통해 상처를 갖게 되지만, 그의 영혼은 좌절을 경험하지는 않는다. 즉, 그는 숱한 난관을 겪으면서도 고향으로 돌아가고자 하는 확고한 신념과, 결국 그렇게 될 것이라는 믿음을 줄기차게 견지한다. 홍길동이 유토피아의 영역에서 자신의 신분이 상징하는 근원적 고향 상실을 보상받으려 했던 것처럼, 오디세우스도 영혼을 찾아 나선 길에서 비록 방황은 하지만 자신의 여정을 고향에서 마감하게 된다.

다시 말해서 홍길동이나 오디세우스는 모두 고향에 돌아오지 못한 존재가 아니라 이미 고향에 돌아와 있는 존재이다. 『홍길동전』과 『오디세이』는 이른바 모든 행위가 의미를 위해 완결되는 원환적(圓環的) 세계를 보여준다. 그러한 세계에서 주인공들은 자신의 행위가 갖는 의미를 결코 의심하지 않는다. 그들의 행위가 갖는 의미의 내재성은 그들과 그들을 둘러싸고 있는 세계와의 단절과 분리를 허용하지 않는다. 이렇게 전통적 예술 속에는 주인공의 자율성이 전제된다.

이와는 반대로 자아와 현실과의 분리, 즉 현실 해체와 현실 소외를 구성의 중심에 두는 현대 예술은 선험적 고향 상실성의 표현으로서 주인공의 자율성의 해체를 전제로 하며, 관념적 사고와 같은 모든 형이상학에 대한 주인공의 믿음은 포기된다. 현대 예술의 주인공들이 영혼을 찾는 여정을 시작하자마자 그 길이 끝나버린다는 현대의 시대적 상황은 시시포스의 작업과 같다. 현대 예술, 특히 문학에서의 자율성과 의식에 대한 비판은 언어에 대한 비판으로 나타난다. 현대 예술의 주인공들이 보여주는 말없는 슬픈 모습은 궁극적으로는 진리에 도달할 수 없다는 절망의 표현인 동시에, 과거에 우리가 한 번도 그 존재의 의미에 대해 의심해본 바 없는 기존 언어에 대한 회의적 태도 표명이다. 현대 예술에서 중심 개념이 되는 의식과 언어에 대한 회의는 인간의 자율성과 현실 세계의 질서에 대한 그것과 맥을 같이한다. 따라서 현대에서 잃어버린 천국이나 인간의 자연스러운 미 등으로 표현될 수 있는 진실 상실의 경험은 언어 상실의 결과를 가져오고, 또 그 역도 가능하다. 진실 상실과 언어 상실의 상호 관계가 손바닥의 앞뒤와 같다는 사실은 카프카의 비유설화 「포기하라!」에서 상징적으로 제시되고 있다.

매우 이른 아침이었다. 거리는 텅 비어 있었다. 나는 역으로 갔다. 탑 위의 시계와 내 시계를 비교해보았을 때, 나는 내가 생각했던 것보다 훨씬 더 시간이 지체되었다는 것을 알게 되었다. 나는 서둘러야 했는데, 내 생각과는 달리 꽤 늦었다는 사실을 알게 된 나는 당황해서 길을 잃고 말았다. 나는 아직 이 도시의 지리를 잘 알지 못하고 있다. 다행스럽게도 경찰관 한 명이 근처에 있었다. 나는 그에게 달려가서 급히 길을 물었다.

그는 웃으면서 "나한테 길을 묻는 거요?" 하고 말했다. "그래요, 나 혼자서는 길을 찾을 수가 없군요."라고 나는 대답했다. "포기하라, 포기해!"라고 말하면서 그는 마치 혼자서만 웃고 싶어 하는 사람들처럼 거만하게 돌아섰다.

이 짧은 비유설화의 외적인 줄거리는 매우 단순하다. 즉, 이른 아침에 어떤 사람이 텅 빈 거리를 지나 역으로 간다. 그가 역에 있는 탑시계와 자신의 시계를 비교해보고는 생각했던 것보다 시간이 훨씬 더 지나 있음을 알아차린다. 그는 급히 서두르지만 방향 감각을 상실해 부근에 있는 경찰관에게 도움을 청한다. 이것이 일어난 사건의 전모이다. 일견 단순하면서도 지극히 사실적인 묘사로 일관된 사건의 과정 속에는 해체의 구도가 내재되어 있다. 즉, 시간과 현실 체계의 해체인 것이다. 우선 여기서는 서로 다른 두 개의 시간 체계가 존재한다. 1인칭 화자인 "나"의 시간과 탑의 시간이 그것이다.

두 개의 시간 체계의 불일치는 "나"와 현실 사이에 존재하는 믿음의 해체를 초래한다. 현실과 자아 사이의 믿음, 즉 확고한 진실 체계를 토대로 하는 우주적 질서의 해체는 "나"를 당황하게 만들고, 가야 할 길의 좌표를 상실하게 만든다. 위의 인용문이 보여주는 영혼과 세계와의 불일치 현상은 카프카의 일기에서 더욱 명확하게 드러나고 있다.

> 시간이 일치하지 않는다. 내면의 시간은 미친 듯이, 악마적으로 또는 하여튼 비인간적으로 돌진해가고, 외부의 시간은 멈칫거리며 평소처럼 가고 있다. 서로 다른 두 개의 세계가 분리되어 있다는 것 외에 달리 무엇이 일어날 수 있겠는가. 두 세계는 서로 떨어져 있거나, 적어도 무서울 정도로 서로를 잡아 뜯고 있다.

우주적인 확고한 진실 체계가 더 이상 존재하지 않음을 상징적으로 보여주는 두 세계의 대립 양상 속에서 인간은 개인적인 특성을 갖지 못하고 익명으로 남아 있을 뿐이다. 이러한 특성 없는 익명의 여행자에게 경찰관이 대립된다. 그는 처음엔 시민에게 길을 제시해주는 보조자의 임무를 띤 전통적인 인물로 등장한다. 그러나 그는 여행자에게 길을 제시해주는 자신의 임무를 포기하고 반대 질문을 한다. "나한테 길을 묻는 거요?"라는 경찰관의 반대 질문에서 우리는 지금까지 절대적으로 인식되어왔던 현실 체계의 해체 징후를 감지한다. 즉, 여행자에게 '길'의 의미는 현실의 영역에 머무르는 한편, 경찰관에게 '길'의 의미는 또 다른 현실의 영역에 존재한다는 말도 된다. 결국 "포기하라!"는 경찰관의 결론에서 우리는 그가 사용한 길의 의미가 여행자와는 달리 인생의 길을 의미하는 것임을 알게 된다. 익명의 여행자와 경찰관은 다같이 '길'이란 단어를 사용했지만, 두 사람 사이에 진실한 의미 전달은 이루어지지 않는다.

이러한 의사소통의 불능성은 진실에 대한 카프카의 독특한 시각에서 연유한 것이다. 즉, 카프카는 진실이란 과연 표현과 전달의 대상일 수 있는가라는 문제에 대해서는 부정적인 입장을 취하고 있다.

> 우리는 인간의 본질을 표현할 수 없다. 그것은 바로 인간이기 때문이다. 우리는 다만 인간의 비본질, 그러니까 거짓만을 전달할 수 있다.

문학을 인간의 본질인 '진실을 추구하는 여정'으로 간주하는 카프카의 경우, 진실 표현의 문제는 영원히 풀지 못하는 숙제로 남아 있게 된다. 인간은 각자 자신의 내면에서 진실을 항상 새롭게 생산해내려고 하지만, 그러한 진실의 생산이 현실 속에서는 거짓이 된다는 모순은 언어 비판적 시각의 다양화를 초래한다. 예컨대 카프카의 작품에서 기존 언어에 대한 비판적 대안으로 제시된 음악은 진실 전달에서의 언어의 불능성으로부터 빠져나오는 희망의 담보일 수도 있다. 또한 「변신」에서 그레고르의 누이동생이 켜는 바이올린 소리, 『성』에서 주인공 K가 성의 관리와 전화할 때 수화기에서 들려오는 것으로 생각했던 아주 멀리서 들려오는 희미한 노랫소리, 그리고 「요제피네, 여가수 또는 쥐들의 족속」에서의 노랫소리는 모두 언어로는 표현 불가능한 진실과 순수의 영역에로의 길잡이가 된다.

그러나 문학은 음악이 아니라 언어를 표현의 수단으로 삼는다. 그래서 카프카에게 음악은 그 자체로서가 아니라 진정한 언어로 다가가는 중간 매개체로서만 의미가 있다. 언어 역시 현실 세계의 한 부분일 따름이며, 일상의 질곡으로부터 벗어나지 못하는 상태에 있다. 따라서 예술의 본질 즉 삶의 진실을 추구하는 문학은, 삶의 질곡으로부터 해방되고 제한된 현실에서 약속된 의미 이상을 담아내지 못하는 기존의 언어를 뛰어넘는 또 다른 언어를 필요로 한다. 이를 위한 많은 시도가 있었다 하더라도 새로운 언어의 창조는 문학의 영역에서 영원한 아포리아로 남아 있을 뿐이다. 그러나 진정한 언어의 가능성 중 하나를 제시하는 음악은 우리에게 언어가 갖는 말없음의 원리를 보여준다. 현실의 훼손된 가치 체계의 굴레를 벗어나지 못하는 인간 상호 간의 약속인 언어 역시 현실의 질곡을 벗어나지 못한다. 그래서 기존의 언어는 말없음보다 더 많은 거짓과 위선의 가능성을 내포하고 있는 것이다. 그래서 예술의 진정한 언어는 침묵이라는 주장도 가능한 것이다. 언어가 갖는 말없음의 원리라는 역설에서 우리는 표현의 직접성을 인식하게 된다. 기존의 언어 체계 속에서 문학의 표현은 항상 간접적일 수밖에 없으며, 따라서 최초의 의도와는 달리 변질된다.

그러나 다시 말하지만 「요제피네, 여가수 또는 쥐들의 족속」에서 보듯이, 문학은 말 없는 음악처럼 동물 소리와 같은 직접성으로만 구성될 수는 없다. 문학은 필연적으로 그것의 매체인 언어와 결합되어 있기 때문이다. 요제피네가 내는 동물의 직접적인 소리처럼 진실한 언어는 하나의 부정성(否定性)의 특징을 갖는다. 현실에서 부정적으로 인식되기 때문에 야기되는 고통을 통해 문학은 우리에게 기존의 것과는 다른 말 없는 언어에로의 방향성을 지시해주는 것이다. 그래서 예술의 본질은 가장 진실한 것으로서 고통스러운 실존을 표현해주는 것이 될 수밖에 없다.

실존의 고통을 묘사해내는 과정은 동시에 구원에로의 동경을 내포한다. 그러나 적어도 현실의 조건 속에서는 예술을 통한 구원은 달성되지 않는다. 그래서 구원은 예술과의 관계에서 부정적 내용인 셈이다. 예술은 구원을 목적으로 하지 않는다. 우리가 예술을 통해 인식할 수 있는 것은 오직 구원을 향한 진실하고 부단한 몸짓뿐이다. 바로 카프카의 주인공들은 이러한 현대의 시시포스적 인식에로의 길목에서 앞자리에 서 있는 것이다.

3장 — 작품론
Franz Kafka

종말 또는 새로운 탄생
—「변신」론

생성사

    장편 『성』 『아메리카』 『심판』을 제외하면 카프카의 작품 중 가장 긴 분량의 이야기에 해당하는 「변신」은 전 세계의 독자들에게 가장 많이 소개된 작품이기도 하다. 이 작품은 1912년 11월 17일부터 12월 7일까지 3주 만에 완성되었는데, 카프카는 이 작품을 집필하기 두 달 전에 불과 하룻밤 사이에 탈고한 「선고」와 마찬가지로 처음에는 「변신」도 몇 시간 내에 끝내려고 계획을 했다. 카프카는 펠리체 바우어에게 보내는 1912년 11월 17일자 편지에 자기는 지금 짧은 분량의 작품 하나를 막 끝내는 중이라고 써 보냈다. 하지만 곧 그는 자신이 이 작품의 분량을 잘못 계산했음을 알게 되었다. 작품의 마무리 단계에서 점점 늘어나 예상보다 훨씬 길어져 결국 집필 기간은 처음 계획했던 몇 시간에서 3주 정도로 늘어나게 된 것이다. 예상보다 작품의 분량이 늘어난 것에 부담을 느끼기 시작한 카프카는 펠리체에게 대단히 혐오스러운 이 이야기는 대체로 우울하고 냉정하게 진행된다면서 내용에 대한 불만스런 마음의 한 부분을 내비치기도 했다.

세 개의 장으로 구성되어 있는 이 작품의 중간 부분은 11월 30일과 31일 사이에 완성되었다. 12월 1일 카프카는 펠리체에게 세 번째 장의 도입부와 관련하여 약간 난관에 봉착해 있다는 내용의 편지를 보냈다. 그러고 나서 6일자 편지에 작품을 끝냈다는 내용을 펠리체에게 보고했다. 이 작품과 관련된 편지 내용을 잘 살펴보면, 작품이 완성되는 시점이 카프카로서는 그리 행복하지 못했다는 것을 알 수 있다. 가족으로부터의 소외 및 펠리체와의 이별에 대한 두려움 등은 작품을 어두운 분위기로 만드는 데 일조했을 것이다. 마치 자신이 발길질을 당해 세상 밖으로 내동댕이쳐진 것 같은 기분이라는 카프카의 고백은 이 작품 집필 당시 그의 상황을 명확히 대변해주고 있다. 탈고 후에도 「변신」은 작가 자신의 망설임에 의해 출판이 계속 미루어지다가 1915년에야 비로소 월간지 『바이센 블레터』를 통해 처음으로 세상에 얼굴을 내밀게 되었다.

1915년 이 작품이 쿠르트 볼프 출판사에서 출간이 예정되

오토마르 슈타르케가 그린 「변신」 초판본 표지 그림.

었을 때, 삽화가인 오토마르 슈타르케가 표지 그림으로 벌레를 한 마리 그려 넣으려 한다는 출판사 측의 말을 듣고 카프카는 당황스럽고 놀라 무슨 일이 있어도 벌레 그림은 절대로 안 된다는 내용의 편지를 출판사에 보냈다. 이러한 카프카의 반응은 작품에서의 세밀한 묘사가 곧바로 현실적인 실재성 그 자체에 대한 묘사로 오해되어서는 안 된다는 경고의 메시지이다. 카프카는 같은 편지에 삽화를 굳이 넣으려 한다면 벌레 대신 다른 장면을 선택하도록 제안했다. 이를테면 부모와 지배인이 잠겨 있는 그레고르의 방문 앞에 서 있는 장면이나, 더 바람직한 것은 어두운 옆방으로 통하는 문이 열린 상태에서 부모와 여동생이 불이 켜진 거실에 있는 상황 같은 것을 그려달라는 주문이었다.

이 작품에서 등장하는 벌레는 현실에서 실제로 존재하는 동물은 결코 아니다. 그것은 실제로 존재하지만 눈으로 포착할 수 없고, 그 속성 또한 파악할 수 없는 현실성에 대한 문학적인 상징으로서 작가의 상상력에 의한 산물이다. 이 작품은 벌레로 변한 한 남자의 운명을 통해 가족과 직장 속에서 인간이 맛보는 일상적인 행복을 포기함으로써만이 도달될 수 있는 인간의 내적 삶의 한 조각을 마치 한순간의 악몽과 같이 독자에게 새삼스럽게 인식시켜주고 있다.

동물 모티프와 메타포

인간에 대한 신의 구원이나 형벌의 형태로 인간의 모습이 동물이나 식물의 모습으로 바뀌는 변신 모티프는 고대 이후 유럽의 문화권에서는 이미 널리 알려져 있었다. 신화에서 신들의 아버지인 제우스는 스스로 동물로 변신할 수 있었으며, 인간들도 신들에 의해 여러 가지 동식물의 형상으로 변신할 수 있었다는 것은 주지의 사실이다. 예컨대 호머의 『오디세이』에서 태양신 헬리오스와 대양의 여신 페르세이스의 딸인 키르케는 마법에 뛰어나 아이아이에 섬에서 만나게 되는 오디세우스의 부하들을 돼지로 변신시킨다. 그리스, 로마, 소아시아 등 여러 나라의 신화 중 변신과 관련된 것들을 자기 나름으로 재창조한 로마의 시인 오비드의 작품 『변신』에는 인간의 가장 본질적이고 강력한 소망을 담아내는 형식으로서 여러 가지 동식물 형태로 변형된 인간을 소개한다. 특히 그림 형제의 경우처럼 요술동화에서 변신은 이야기 구성상 매우 중요한 역할을 담당한다. 그러나 동화에선 카프카의 「변신」과는 달리 재변신이 빈번하게 일어난다. 다시 말하면 동화의 경우 동물이나 식물로 변한 인간이 작품 끝부분에 가서 마법이 풀리면서 다시 인간의 모습으로 되돌아오는 상황이 일반적이다. 「변신」에서 남매간인 그레고르와 그레테의 운명은 같은 남매 사이인 헨젤과 그레텔의 운명과는 달리 비극적으로 끝나는데, 전통적인 동화의 형식과 비교해보면 「변신」의 반동화적 요소는 쉽게 확인된다.

카프카는 이 작품으로 동물 모티프라는 오래된 문학적 전통의 한 부분을 계승하고 있다. 그러한 비현실적이며 환상적인 모티프를 가족 중심의 사실적인 이야기 속에 도입했다는 점에서 문학 모티프의 사용에서의 현대적 특성을 대변해준다고 할 수 있다. 문학 모티프의 사용과 관련하여 카프카 연구가들은 카프카가 여러 가지 모티프를 도스토예프스키의 작품 「분신(分身)」(1846)에서 차용한 바 있으며, 특히 「분신」의 주인공 골예트킨을 딱정벌레에 비유하여 묘사한 대목은 「변신」의 중심 모티프 형성에 결정적인 영향을 주었다고 주장한다. 또한 동물 모티프는 「변신」 이전에 카프카가 1907년에 쓴 「시골에서의 혼례 준비」에서도 사용된 바 있다. 주인공 에두아르트 라반은 약혼자 베티와의 결혼에 두려움을 느끼면서 시골에 있는 약혼자의 주변 사람들 속에서 어떻게 시간을 보낼까 걱정한다. 그때 그는 침대 속에서 자신이 한 마리 커다란 딱정벌레 같은 모습으로 변해버렸으면 하는 생각에 사로잡힌다. 자신의 육체는 가기 싫은 시골로 보내고 자아는 벌레가 되어 침대에 누워 빈둥대며 시간을 보내고 싶다고 생각하는 라반의 모습이 후에 그레고르 속으로 전입되고 있는 것이다.

「변신」의 상황을 꿈의 상태에서 발생한 것으로 전제한다면, 벌레로서의 존재는 인간 공동체의 제반 사회적 조건들이 그 속에 농축되어 있는 우리의 현실에서 의심할 바 없는 실재성을 획득하게 된다. 「변신」에 등장하는 벌레는 작품에서 벌레의 본질에 맞게 그 특징이 자세하게 묘사되고 있고, 또 작중 인물인 하녀에 의해 직접 말똥벌레라고 불리지만 동물학상의 벌레와는 완전히 일치하지 않는다. 카프카의 작품에서는 벌레의 생김새나 행동의 특성 등에 대해 놀라울 정도로 세밀하게 묘사되는 데 반해, 인간의 모습에 대한 묘사는 매우 절제되어 있다. 대부분의 경우 카프카는 작품 속 등장 인물에 대해서는 예컨대 "시골 남자"나 "하녀" 또는 "독신 남자" 등으로 신체적 특성에 대한 별다른 언급 없이 간결하게 처리한다. 자칫 지루하게 여겨질 정도로 반복되는 벌레의 특성에 대한 묘사를 통해 비현실적인 것과 그로테스크한 것에 대한 카프카의 집착을 확인할 수 있다. 작품에서 벌레는 언어와 시각, 식욕과 같은 인간적인 특성은 상실해가지만 죽는 순간까지 집안의 아들로서, 오빠로서, 그리고 인간 그레고르로서의 자기동일성은 유지하고 있다. 이렇게 그 속에서 육체와 정신이 서로 분리되는 카프카적 동물 형상은 현대의 제반 분열 현상에 대한 메타포가 된다. 따라서 현대의 독자에게는 인간 그레고르보다 벌레의 몸이 된 그레고르가 더 친숙할 뿐만 아니라, 후자와의 관계 설정이 인간보다 더 자연스럽고 인간적으로 느껴질 수 있는 것이다.

작품은 카프카적인 도입부의 전형에 따라 간결한 문장으로 시작된다. 아침에 일어나보니 주인공의 몸이 벌레로 변해 있었다는 비현실적인 내용이 아무런 설명도 없이 독자에게 그냥 제시될 뿐이다. 『심판』에서도 주인공 요제프 K는 어느 날 아침 갑자기 예기치 못한 무서운 상황에 처해진다. K는 비밀스런 초세속적 법원에 의해 체포되고, 일 년 후 당국에서 파견한 공무원들에 의해 처형된다. 이러한 특별한 상황 설정은 카프카의 작품에서는 흔히 발견된다. 따라서 독자들은 처음부터 어느 날 갑자기 익명의 힘에 의해 예기치 못한 불행의 상황으로 빠져든 주인공의 운명에 모든 관심을 집중시키게 된다.

「변신」을 구성하고 있는 세 개의 장에는 일상적인 삶에서 비일상적이며 비현실적인 상황에 처한 주인공의 행위와 그에 대한 가족의 반응이 집중적으로 묘사된다. 주인공에게 익숙했던 일상적인 것 속으로 낯설고 비일상적인 것이 갑자기 개입하게 된 상황은 작품에서 구체적으로 '불안한'이나 '무시무시한' 또는 '벌레' 등의 단어로 제시된다. 작품의 첫 문장이 동화적인 서술 방식이 아니라 무섭고도 혐오스러운 사실성에 토대를 둔 반동화적 방식으로 시작되고 있다는 점을 고려해볼 때, 독자는 이 작품이 우화도 동화도 아니라는 관점에서 출발할 필요가 있다. 독자로서는 벌레로의 변신을 우선 인간 본질의 상실과 연결시키는 것이 일반적인 생각일 것이다. 그러나 이러한 예상은 작품 진행 과정에서 빗나가고 만다. 처음에는 비록 주인공이 공동생활을 함께 할 수 없을 정도로 흉한 모습을 하고는 있지만 가족에게는 그가 여전히 책임져야 할 아들이자 오빠로 남아 있다. 작품의 후반부로 가서야 비로소 이러한 생각은 사라지게 된다. 마침내 가족은 아들의 존재를 부정한다. 그러나 동물적인 방식으로의 모든 변화에도 불구하고 주인공의 자아동일성은 손상되지 않는다. 변신 후에도 주인공이 여전히 그레고르로 남아 있을 수 있다는 작품의 모순적 상황이야말로 카프카적 우화의 특징이 된다. 그러니까 인간과 동물의 인류학적인 분류에 토대를 두고 있는 전통적인 우화나 동화의 개념은 카프카의 시학에서는 찾아볼 수 없는 것이다. 또한 일상적인 것과 비일상적인 것과의 갈등이란 측면에서 볼 때, 이 작품은 '음식'과 '음악'이라는 두 개의 중요한 메타포를 내포하고 있다. 누이동생의 바이올린 연주를 들으면서 주인공은 "이처럼 음악 소리에 감동을 받는데도 내가 벌레란 말인가?"라고 생각한다. 음악 소리에 의해 내적으로 감동된 비일상성은 가족과 하숙인들의 세계와 같이 보편적이며 규범적인 일상성에 의해 축출된다.

변신 이후 점점 축소되긴 했지만 그나마 유지되어왔던 주인공과 가족 간의 인간적인 관계는 작품 후반부에 와서는 완전히 단절된다. 주인공을 돌보는 일은 전적으로 늙은 청소부 할멈의 손에 맡겨진다. 카프카는 백발이 성성한데도 뼈대가 굵은 큰 몸집 덕에 자신의 긴 인생에서 온갖 궂은일을 극복해 온 청소부 할멈을 주인공과 대조되는 인물로 설정한다. 일상적인 것의 중심에 활기차고 굳건하게 서 있는 할멈은 비일상적인 것 속에 방치되어 있는 주인공을 두려워하지 않고 "늙은 말똥벌레"라고 지칭하는 유일한 인물이다. 비일상적인 것은 존중되어야 하는 것이 아니라 사라져야만 한다는 일상성의 법칙에 따라 주인공의 시체는 결국 할멈의 손에 의해 한낱 쓰레기로 처리된다.

자서전적 글쓰기

카프카는 20세기 가장 유명한 독일어권 작가이다. 카프카는 사후에 일기나 편지를 비롯한 그의 중요한 작품들이 친구 막스 브로트에 의해 출판되면서 비로소 세계적인 명성을 얻게 된다. 생전에 카프카는 은거에 가까운 소박한 삶을 살았다는 사실을 상기해볼 때, 그에 대한 독자들의 지대한 관심은 매우 놀랄 만한 것이다. 다른 작가들과 비교해보면 그에게는 광활한 러시아나 유럽, 북미 대륙과 같은 곳으로의 거창한 여행이나 풍부한 교양 체험 또는 당대의 유명한 인사들과의 밀접한 교류 같은 것은 빠져 있다. 카프카와 같이 생전에 부수적인 작품들이, 그리고 죽은 후에 주된 작품들이 세상에 알려진 경우는 흔치 않다.

전체적으로 볼 때 카프카 문학에서 작가의 개인적 특성과 작품 속의 중심인물들과의 유사성은 매우 특징적이다. 카프카의 경우 전기적인 사실을 통해 그의 작품을 해명하는 것보다 그의 작품에서 그의 삶을 재구성하는 일이 더 쉬울지도 모른다. 그렇다면 카프카가 자신의 전기적인 것을 작품 속에서 그토록 치열하게 재구성하려고 시도했던 이유는 무엇일까? 아마 카프카만큼 자신의 과거 경험들을 작품 속에서 그토록 철저하고도 지속적으로 강렬하게 개념화시킨 작가는 없을 것이다. 예컨대 아버지와 아들 사이에 결핍되어 있는 상호 이해의 문제성, 즉 아버지 콤플렉스는 카프카의 유년기 경험 중에서 가장 대표적인 것이라고 할 수 있다. 이러한 갈등 상황에서 카프카가 의지한 것은 글쓰기 그 자체였다. 아버지 앞에서 솔직하게 털어놓을 수 없는 불만을 그는 글쓰기를 통해 해소할 수 있었기 때문이다. 보통의 가족 관계에서는 어머니와 딸, 아버지와 아들 사이에 강력한 친화력이 존재하는 법이다. 마찬가지로 카프카도 유년 시절 자신의 사고와 행동의 지침이 되는 인물로 아버지를 선택했다. 그러나 아버지에게서 그러한 종류의 상호 이해나 사랑을 찾지 못한 카프카는 자신의 표현처럼 작은 독립의 시도로서 아버지의 품으로부터 글쓰기 과정 속으로 도피했다. 그리고 그는 완전한 의미의 독립에 도달하기 위해 모든 방법을 동원하여 자기 자신을 글쓰기에 집중시켰다.

카프카는 1912년 1월 3일자 일기에 글쓰기는 삶의 본질을 가장 윤택하게 해주는 방법이라고 쓰고 있다. 그러니까 카프카의 경우 자신의 은밀한 삶, 즉 글쓰기에 완전히 몰입하면 할수록 그만큼 만족감에 도달할 수 있었다. 또한 카프카의 외적인 삶, 즉 일상생활에서 결여되어 있는 인간적인 신뢰감도 그는 글쓰기의 행복한 시간대 속에서 다시 획득할 수 있게 되었다. 작가로서의 존재는 카프카에게 한편으로는 그가 아버지에게서 결코 찾을 수 없었던 삶의 위안을 주기도 했지만, 다른 한편으로는 그를 창작 세계에서 야기되는 필연적인 고독과 고립의 상태로 몰고 가기도 했다. 알다시피 카프카는 약혼녀 펠리체 바우어에게 수많은 편지를 보냈는데, 정신적으로 그녀에게 다가가기 위해 썼던 편지 쓰기의 이면에는 이러한 방법으로 자신이 현실에서와는 달리 고독하지 않다고 믿고 싶었던 카프카의 몸부림이 도사리고 있었을 것이다.

카프카는 여러 차례 자신의 외적인 삶으로부터의 도피를 시도했다. 물론 이러한 시도는 글쓰기 과정을 통해 가능해졌다. 그는 머릿속을 채우고 있는 현실적인 삶으로부터 자신을 해방시키기 위해 작품 속에 꿈과 같은 내면적인 세계를 묘사했다. 그래서 그에게 작품 세계는 내적인 묘사의 유일한 가능성이 되는 것이다. 인간의 자유의지를 제한하는 현실의 제반 규범이나 사회적인 삶의 의무로부터의 해방은 오직 꿈속에서만 가능한 것이다. 아버지와 현실 세계의 공포로부터의 도피, 이것은 카프카의 문학 세계에서 주된 모티프가 된다. 「변신」의 마지막 부분이 보여주듯이, 카프카의 글쓰기의 목표는 몽상적인 그의 내면세계 속에서 자유와 평화, 그리고 인간에 대한 신뢰를 복구하고, 이러한 과정을 통해 세계와의 화해를 경험하는 것이었다. 이러한 점을 고려해보면 카프카는 무엇보다 가족 내에서 자신의 특별한 상황을 글쓰기의 중요한 동기로 활용하고 있음을 인정할 수 있다. 그러나 그의 일사불란한 자서전적 글쓰기의 이유에 대해서는 그 누구도 정확하게 해답을 제시할 수 없을 것이다. 다만 우리는 카프카의 실제 삶의 흔적을 작품 「변신」 속에서의 그것과 비교함으로써 직관적으로 예감할 수 있을 뿐이다.

잠자 가족과 실제 가족과의 유사성

잠자 부인과 카프카의 어머니

　작품의 주인공 잠자 가족과 카프카의 실제 가족 사이의 유사성은 인물들의 성(姓)에서 찾아볼 수 있다. 우선 잠자와 카프카의 독일어 철자 SAMSA와 KAFKA를 서로 비교해보면 모음과 자음이 마치 암호문처럼 배열되어 있음을 알 수 있다. 두 개의 성은 모두 5개의 문자로 구성되어 있는데, 그중 잠자의 S와 카프카의 K는 동일한 위치에 놓여 있으며, A는 두 개의 성에 공통적으로 포함되어 있다. 따라서 두 인물의 성이 암시하는 전기적인 유사성을 좀 더 확장해보면, 작품 「변신」은 카프카의 실제 가족 이야기를 토대로 재구성되었을 가능성이 있다. 이러한 가능성뿐만 아니라 작중 인물과 실제 인물들이 전기적으로 서로 얼마나 일치하고, 또 차이가 있는지는 두 가족의 가족 구성원 상호 간의 인물 비교를 통해 구체적으로 확인될 수 있다.

　인물의 성과 관련하여 앞에서 언급한 유사성 외에도 두 가족 사이에는 공통점이 많다. 잠자 부인은 두 아이의 어머니이며 아들 그레고르가 변신하기 전에는 직업 활동을 하지 않다가 변신 후에 유행품 가게에서 삯바느질을 한다. 그녀는 남편의 사업은 이미 5년 전에 파산했기 때문에 남편 일에는 신경

쓸 필요는 없다. 그러니까 잠자 부인은 카프카의 실제 어머니에 비해 비교적 가사에 대한 부담이 적은 편이다. 그녀는 그레고르가 갑자기 보통 때처럼 회사에 출근하지 못하는 상황에 놓이자, 그 즉시 걱정을 하면서 조심조심 부드러운 목소리로 그레고르가 출근 시간을 미루는 이유를 알아내려고 한다. 그녀는 변신 후의 그레고르와 접촉을 시도하는 한편, 아들이 변신 전에는 성실하고 바람직한 직원이었다는 사실을 부각시키는 등 그레고르의 무성의한 태도에 화가 난 회사 지배인을 진정시키려고 노력하는 첫 번째 인물인 셈이다. 그레고르가 문을 열어주지 않자 아버지는 열쇠 수리공을 부르자고 주장하는 반면에 그녀는 의사를 불러오라고 한다. 이런 그녀의 배려와 부드러운 마음씨는 작품 끝부분에 가서야 비로소 과감하고 단호한 태도로 바뀐다. 전체적으로 볼 때 그녀는 그레고르와 특별히 친밀함을 유지하는 인물로 묘사된다. 아버지가 그레고르에게 사과를 던지면서 공격할 때도 그녀가 자발적으로 개입하여 남편을 제지하지 않았다면 그레고르는 죽었을지도 모른다. 그녀는 그레고르를 남편으로부터 보호해줄 뿐만 아니라 그레테 앞에서도 그의 입장을 옹호해주기도 한다. 잠자 부인은 딸의 주장에 따라 그레고르의 방에 있는 가구를 치워버린 뒤에 야기될 수 있는 불행한 결과를 통찰하는 유일한 인물이기도 하다. 그러나 그녀는 딸에게 맞서기에는 너무 약하고 불안정한 인물이기도 하다. 잠자 부인의 이러한 행동 방식의 원인이 그녀의 허약한 건강 상태에 있을 수 있다는 가정도 가능하다. 그녀는 자주 몸이 아픈 데다 계속 천식에 시달려왔다. 작품의 마지막 장면에서야 비로소 그녀는 건강과 활기를 되찾는다. 작품에서 종종 묘사되는 그녀의 실신과 히스테리성 발작은 남편과 아들 사이의 갈등이나 경제적인 어려움과 관련이 있다. 이러한 잠자 부인의 특성은 그녀로 하여금 카프카의 어머니 율리 카프카에 비견되는 가족 내의 중간자 역할을 가능하게 한다.

아들에 대한 세심한 배려를 특징으로 하는 어머니 역할에서 볼 때 잠자 부인과 율리 카프카는 거의 일치한다. 율리 카프카는 아들 프란츠 카프카에게는 그야말로 좋은 어머니이다. 카프카 부인은 객지에 나가 있는 아들에게 종종 소포를 보내주곤 했다. 외적으로 볼 때 아들에 대한 두 여자의 사랑과 보살핌은 행동 방식의 공통분모가 된다. 하지만 실제로는 율리 카프카의 아들에 대한 사랑은 물질적인 면에만 치우친 피상적인 성격을 벗어날 수 없다. 그녀는 대부분의 시간을 집 밖에서 보내야 했기 때문에 아들과 내면적으로 깊은 신뢰를 형성할 만큼의 시간적인 여유를 갖지 못했다. 이런 카프카 부인과는 달리 잠자 부인은 그레고르와 진지하고도 친밀한 관계를 유지하기 위해 비교적 많은 시간을 보낼 수 있다.

카프카 부인은 따로 직업을 갖지 않았기 때문에 집에서 시간을 보내기보다는 오히려 남편이 경영하는 잡화점 일을 거들어야 했다. 그녀는 처음에는 남편과 자식들 사이에 중간자적 입장에 놓여 있었지만, 남편의 강한 개성 때문에 시간이 지나면서 자식보다 남편과의 밀접한 관계가 더 강화되었다. 많은 시간을 상점에서 보내야 하는 카프카 부인의 입장으로서는 아이들을 키우는 일은 주로 하녀에게 맡겨야만 했다. 그렇지만 6남매의 어머니에게 맡겨진 집안일은 간단하지만은 않았다. 가족 구성원 사이에 분쟁이 일어났을 때도 그것을 해결하는 일은 카프카 부인의 몫이었다. 대체로 이런 상황에서 가장 보편적으로 취하게 되는 중립적인 태도는 카프카 부인의 행동 양식의 특징으로 남게 되었다. 남편 상점과 집안일의 과도한 부담과, 남편과 아들 사이의 갈등 등은 카프카 부인을 종종 무기력하거나 병의 상태에 빠지게 했다. 이러한 카프카 부인의 상황에서는 자식을 돌볼 수 있는 그나마 얼마 되지 않는 시간마저도 최소한으로 축소되어버리는 것이다. 그렇다면 과연 삶의 문제성을 인식하기 시작한 어린 카프카가 대화의 대상으로 선택한 것은 무엇이었을까?

잠자 씨와 카프카의 아버지

그레고르의 아버지 잠자 씨의 성격적인 특성을 밝히기 위해서는 아들의 변신 전 상황에서 그의 행동 방식을 관찰할 필요가 있다. 5년 전에 경영하던 잡화점이 파산하여 빈털터리가 된 그는 하루 종일 안락의자에 앉아서 신문을 보며 시간을 보내는 등 무기력한 모습으로 안락한 생활만을 추구한다. 오히려 아들 그레고르가 집안의 가장 노릇을 한다. 이 시기에 그레고르의 아버지는 17살짜리 딸의 교육 문제에서도 전혀 발언권이 없다. 결정을 요구하는 모든 일은 이미 아들에게 위임하고 있다. 아내와의 관계에서도 말다툼이나 투쟁적인 모습을 보이지 않을 정도로 모범적이다. 마치 그에게서는 삶의 모든 생동성이 사라져버린 것처럼 느껴지기도 한다. 하지만 이런 모습들은 곧 반대가 되고 만다. 아들의 변신 후 늙고 힘없는 아버지는 강력한 인물로 되살아난다. 아버지는 두 다리로 굳건히 버티고 서서 가족을 이끌어간다. 그는 다시 은행 수위로 취직하며, 직장에서 입는 제복을 집에서도 벗지 않고 가족에게 다시 찾은 자신의 권위를 과시한다.

그레고르 아버지의 이런 고집은 그의 행동 양식의 새로운 특성이 된다. 아버지는 아들의 변신 후에야 비로소 자신의 개성을 보여주는 셈이다. 그는 이전과는 달리 삶에 적극적으로 참여한다. 그는 자신의 내면뿐만 아니라 외적인 삶의 형태도 바꾸어간다. 예전 같으면 아무렇게나 헝클어진 흰 머리카락도 이제는 단정하게 가르마를 타서 빗어 내려 번지르르하게 광채가 날 정도이다. 그가 새로 획득한 개성들은 삶에 대한 생동성과 지배성이다. 그의 검은 눈동자는 주변에서 일어나는 일들을 또렷하고 세심한 눈초리로 바라본다. 그는 이제 다시 가족의 경제적인 상태를 점검해보고, 아내와 딸에게 집안의 재산 상태에 대해서도 자세히 말해준다. 아내에 대한 그의 태도는 딸에 대한 그것과 동일하게 보인다. 변신 후 아내가 어찌할 바를 모르고 불안정한 모습을 보이는 상황에서 그는 그녀를 보호하듯 두 팔로 껴안고 위로해준다. 그는 오직 아들에게만 적대적 행동을 취한다. 그는 아들에게 어떠한 종류의 이해심도 보여주지 않는다. 두 사람 사이의 의사소통은 오직 아버지 쪽에서 취하는 위협적인 몸짓이나 동물과 같은 소리로 표현될 뿐이다. 대체로 아들에 대한 아버지의 행동에는 일종의 공격성이 깃들어 있으며, 그것은 시간이 가면서 점점 더 강화된다.

한편 카프카의 아버지 헤르만 카프카 역시 가장으로서 강력한 영향력을 행사하는 인물이다. 당시 여덟 명의 식구는 좁은 공간에서 생활하고 있었는데, 형편상 더 넓은 공간으로 주거를 옮긴다는 것은 불가능했다. 헤르만 카프카의 경제적 어려움은 이미 어릴 때부터 물려받은 것으로, 그는 유년 시절에 이웃 마을에 물건 배달 일을 할 때 맨발로 다녀야 할 정도였다. 그는 보통 정도의 교육을 받은 후 14살 되던 해 집을 떠나

이곳저곳을 다니며 잡화상 일을 했다. 그로서는 이처럼 어려 웠던 어린 시절을 결코 잊을 수가 없었을 것이다. 훗날 그는 굳은 의지력으로 자신의 독립된 상점을 소유하게 된 사실에 대해 스스로도 대견스럽게 생각했다. 헤르만 카프카는 어느 정도 재산이 모이자 사회적인 명예를 획득하는 방법에 대해 관심을 기울이기 시작했다. 그로서는 당시 체코인들에게는 매우 어렵게 여겨졌던, 독일 상류층으로 진입할 수 있는 우회로를 닦는 일이 급선무였다. 헤르만 카프카의 성장 배경과 사업 성공, 그리고 그의 목표 달성에 대한 자부심 등을 고려해 보면, 오직 자신의 자아만을 강력하게 고집하는 그의 행동 양식이 쉽게 이해될 수 있다. 그는 가족에게는 말이나 감정 표현이 적은 냉정한 인물이었다. 또한 자신이 알지 못하는 사람에 대해 고정된 선입견을 갖고 있었을 뿐만 아니라, 항상 자기 견해만을 옳다고 주장하는 일종의 독선가이기도 했다.

가정에서 헤르만 카프카의 교육 방식도 모범적인 것과는 거리가 멀었다. 장사 일로 바쁜 아들에게 한 그의 가정교육은 주로 식탁에서 행해지는 명령과 지시의 형태로만 이루어졌다. 다른 견해나 반대 의사는 있을 수 없었다. 아버지에게는 모든 것이 허용되지만 아들에게는 한마디 말도 허용될 수 없는 듯한 상황이었다. 그럼에도 그의 결혼생활은 별문제 없이 행복해 보였다. 헤르만 카프카는 아내와 함께 종일 상점에 나가 있어야 했기 때문에 자식들과 함께 보낼 수 있는 시간적 여유는 많지 않았다. 그는 교육적·인간적인 부분에서는 가족을 경시한 편이라고 볼 수 있는데, 그 자신은 정작 가족 구성원의 도움과 동감을 갈구하고 있었다. 상점에서 피곤한 몸으로 돌아온 그는 네 개의 벽으로 둘러싸인 자신의 방 안에서 평화롭게 안식을 취한다. 이 순간 그의 눈가에는 스스로 만족하는 듯한 미소가 조용히 떠오른다. 이렇게 그 자신만의 방식이지만 그에게서 삶의 긍정적인 부분을 확인할 수도 있다. 하지만 자신의 내면에 존재하는 긍정적인 심성을 아들에게 한 번도 표현해주지 않았다는 점에서 헤르만 카프카에 대한 인간적인 평가는 부정적인 면이 더 우세한 것으로 보인다.

작품과 현실 속의 두 아버지 사이에 공통점을 찾는 일은 그리 어렵지 않다. 그레고르의 아버지는 아들이 변신한 후 다시 가족을 이끄는 적극적인 역할을 담당한다. 카프카의 아버지도 장사와 관련된 일에 적극적으로 참여하면서 가족을 이끌 뿐만 아니라, 그들에게 지배력도 행사한다. 그의 성격적인 특성인 자부심과 고집은 가족 구성원에 대한 지배력 속에서 한층 더 강화된다. 외모로 볼 때 두 인물의 모습은 일치한다. 정수리에서부터 꼼꼼하게 가르마를 타서 빗어 넘긴 머리 모양은 헤르만 카프카의 외적 특성이기도 하다. 그는 자신의 외모를 통해 사회에서 인정받기를 원했기 때문에 꼼꼼함과 정확성을 덕목과 같이 강조한다. 그레고르의 아버지도 앞에서 이미 언급했듯이 다시 자신의 집에서 주도권을 행사하는 시점에 외모를 가다듬는다. 아내와의 관계에서도 두 인물의 행동 방식은 유사하다. 그들은 모두 아들에 대한 적대적인 행위와는 반대로 아내에게는 호의적이다. 그들은 상점에서 돌아와 안락의자에서 피곤한 몸을 달랜다. 헤르만 카프카는 안락의자에서 조용히 휴식을 취하지만, 그레고르의 아버지는 심지어 안락의자에 앉은 자세로 잠을 자기도 한다. 헤르만 카프카는 어떠한 경우에도 자신의 약한 모습을 절대로 밖으로 드러내지 않았다. 카프카는 아버지로부터 어떤 위안이나 도움도 받은 적이 없다고 고백한 바 있다. 매일 가게에서 생활하는 아버지가 모처럼 집에 있는 날도 부자 사이에 다정한 대화는 실종되고, 대신 카프카는 아버지로부터 명령이나 지시 또는 비판적인 말을 듣기 일쑤였다. 아버지가 사회적으로 인정받는 위치에 도달한 후에도 그 자체가 카프카에겐 별로 도움이 되지 않았다. 오히려 아버지의 가부장적이고 이기적인 태도가 한층 더 강화되었을 뿐이다. 자만심과 독선, 그리고 모든 부분에서의 지배욕 등은 헤르만 카프카의 특성이다. 아들에 대한 사랑이나 부드러운 대화 같은 것은 헤르만 카프카에게는 낯선 단어였다. 그러니까 그는 진정한 의미에서 아버지 역할에는 어울리지 않는 인물이다. 그렇다면 카프카는 과연 아버지 어머니로부터 제공받을 수 없었던 마음의 휴식처를 어디서 찾을 수 있었던 것일까?

누이동생들

그레고르의 누이동생 그레테는 17세로 아직 어린 편이다. 음악적 재능이 있는 그녀는 언젠가 음악학교에 다닐 희망을 품고 있다. 집의 재정적 상태가 별로 좋지 않기 때문에 그녀의 희망은 한동안 꿈으로만 남아 있게 된다. 그녀의 행동 방식은 처음엔 오빠에 대한 애정으로 특징지어진다. 그레고르가 평상시와는 달리 회사로 가는 새벽 기차를 타지 않자 그녀는 어머니와 같이 오빠의 건강 상태를 걱정한다. 그레고르가 벌레로 변신한 뒤 점원으로 취직한 그녀는 오빠와 가족 사이에 매개 역할을 담당한다. 그녀는 벌레로 변한 그레고르의 방으로 과감하게 들어간 유일한 인물이다. 그녀는 그레고르에게 신문도 가져다주고 특별히 신경 써서 음식도 오빠의 방에 넣어주는 등 동생으로서 최선을 다한다. 그러나 시간이 가면서 그레고르에 대한 그녀의 보살핌은 점점 인간적인 면을 상실해간다. 급기야 그녀는 그레고르가 입도 대지 않은 음식을 빗자루로 쓸어 담아 쓰레기통 속으로 황급히 던져버리기도 한다. 결국 그녀는 정식으로 그레고르의 존재를 부정하기 시작한다.

그녀는 이 시점에서 벌레를 더 이상 오빠로 취급하지 않는다. 그녀는 그레고르가 자신의 말을 이해하지 못한다고 생각하자, 그와 더 이상 대화를 하지 않기로 작정한다. 부모로부터 상황을 잘 이해하고 있다고 평가받은 그녀는 자신의 주장을 관철시키는 데 이 기회를 이용한다. 어머니의 반대에도 불구하고 그녀는 오빠의 상황은 전혀 고려하지 않고 그레고르의 눈에 익은 옛 가구들을 그의 방에서 치워버린다. 그레고르의 변신 전에는 별로 도움이 되지 않던 딸이 갑자기 가족의 주목을 끄는 중심인물이 된다. 그녀는 가족 중에서 예기치 않게 닥쳐온 가족의 불행스런 사건을 극복하기 위해 정신적으로 강하게 무장한 유일한 인물이다. 그레고르의 모습을 보고 실신 상태에 빠진 어머니를 보호하고 약을 가져다주는 그레테의 모습을 통해서 그녀는 어머니에 비해 사려 깊고 분별력이 뛰어난 인물로 묘사된다. 그전 같으면 그저 남들 앞에서 수줍기만 하던 그레테가 오빠 앞에서 주먹을 높이 휘두르며 위협적인 눈초리를 보내는 당돌한 모습을 보여주기도 한다. 언젠가 어머니가 그레고르의 방을 청소하자 오빠를 보살피는 일이 오직 자신의 임무라는 것을 보여주고 싶어 하듯 그녀는 울음을 터뜨린다. 결국 그녀는 부모에게 성공적으로 자신의 권리를 주장한 셈이다. 전체적으로 볼 때 그레테는 행동 방식에서 다단계의 과정을 보여주는데, 가족 내의 조정자 역할에서부터 점원으로서의 직업 활동, 마지막으로 여가 시간에 속기와 프랑스어를 배우는 등 가족 중에서 유일하게 미래의 희망을 예고하는 역할을 한다.

한편, 카프카 가족 중 누이동생 오틸리에는 특히 오빠와 밀접한 관계를 맺고 있다. 목욕실은 두 사람이 부모 모르게 서로 비밀을 교환하는 은밀한 장소였다. 여기서 두 사람은 부모에게보다도 더 솔직한 대화를 나눴다. 그녀 역시 훗날 카프카와 부모 사이를 조정하는 중간자 역할을 담당하게 되었다. 카프카가 부모 집을 떠난 뒤 둘 사이에 직접적인 대화는 편지가 대신했다. 가족이 오틀라라고 부르기도 했던 막내딸 오틸리에는 아버지의 상점 일을 도왔다. 그녀와 아버지와의 관계는 특히 좋지 않았다. 아버지는 그녀가 의도적으로 자신에게 고통과 분노를 유발하는 행동을 하고 또 그 자체를 즐기고 있다고 확신하는 가운데 딸에 대한 증오의 감정을 감추지 않았다. 25살이 되면서 아버지로부터 독립한 그녀는 농장에서 일하면서 나중에

카프카가 가장 사랑했던 여동생 오틸리에와 함께.

농업학교에 다녔다. 다른 딸들은 모두 아버지의 뜻에 따라 결혼했지만 그녀만은 자신이 직접 배우자를 선택했다. 이런 과정을 고려해보면 그녀는 아버지에 대한 카프카식의 반항의 의미를 잘 이해하고 있었다고 볼 수 있다.

카프카는 부모로부터 받지 못한 정신적 사랑의 한 형태를 어린 여동생에게서 추구한 것으로 보인다. 오빠에 대한 오틸리에의 보살핌은 그레테의 경우와는 달리 자신이 결혼한 후에도 계속되었다. 그녀는 카프카에겐 삶 그 자체였던 것이다. 이 점에서 누이동생 둘의 차이점이 분명해진다. 집에 별로 도움이 되지 못했던 그레테는 오빠 그레고르의 불행을 통해 비로소 자신의 존재를 가족에게 새롭게 인식시키고 또 영향력을 행사한다. 아버지뿐만 아니라 어머니조차도 자신의 세력권 안에 두려했던 그레테의 행동 방식에서 나타나는 힘의 추구는 오틸리에에게서는 찾아볼 수 없다. 비록 오틸리에가 카프카에게 부모 역할을 완전히 대신해주지는 못했지만, 그녀를 통해 카프카의 정신적 고통이 상당 부분 약화된 점은 인정할 수 있을 것이다. 카프카는 자신의 말에 귀를 기울여주는 누이동생에게서 아버지에 대항하는 동맹군의 모습을 발견한 것이다. 그녀는 카프카에게 필요한 휴식처와 삶에 대한 새로운 힘을 제공해주었다. 자신을 위해 누군가가 항상 옆에 있다는 감정을 가지는 것만으로도 카프카에게는 상당한 위안이 되었을 것이다.

그레고르와 카프카

그레고르는 작품에서 분명히 밝히지는 않았지만 그의 교육 과정을 따져보면 대략 30세에 가까운 인물이다. 그는 그 나이에도 여전히 독신으로 부모 집에서 생활하는데, 이는 서양의 일반적인 관습으로 볼 때 예외적인 일이라 할 수 있다. 그레고르의 방은 밖으로 연결되는 문이 세 개나 있어 어떤 의미에서는 그에게 불리한 구조로 되어 있다. 즉, 그는 가족 구성원으로부터 항상 방해와 간섭의 위험에 노출되어 있는 것이다. 그나마 그레고르가 집에서 보내는 시간이 그리 많지 않기 때문에 이러한 상황은 그동안 그에게 별로 문제가 되지 않았을 뿐이다. 그레고르의 직업은 새벽부터 밤늦게까지 일하고 여행도 자주해야 하는 힘든 일에 불과할 뿐, 그의 삶과 관련해서는 큰 의미가 없다. 직업적으로 볼 때 이처럼 그레고르는 매우 좋지 않은 상황에 놓여 있었지만 그는 가족의 생계를 위해 그동안 말없이 참고 지내왔다. 그러나 언제부턴가 그레고르는 직원들에게 많은 양의 업무를 부과하며 자신을 비인간적으로 대하는 사장에 대한 증오심 및 판매 실적 저조로 인한 해고의 위험 때문에 자신의 직업을 저주하기 시작했다. 그레고르의 머릿속에서 점점 커져가는 직업과 관련된 불만은 그를 진퇴양난의 상황에 빠지게 했다. 비인간적인 업무 환경과 주변 상황에도 불구하고 그레고르는 현실적으로 자신의 직업을 포기하지 못했다. 늙고 무능력한 아버지와 늙고 병든 어머니, 제대로 된 일자리를 구하기에는 아직 어리다고 생각되는 누이동생을 대신해 가족을 돌보는 일과, 아버지의 사업 실패로 남겨진 채무 변제는 온통 그레고르의 몫으로 남아 있었다. 그레고르가 부모와 함께 살아야 하는 이유도 아마 경제적인 문제와 관련이 있었을 것이다. 자신의 길을 고집하지 못하고 가족을 고려해야 하는 그레고르로서는 모든 희망을 미래에 걸고 있었다. 그는 앞으로 5년 내에 가족의 빚을 어느 정도 갚은 후 현재의 직업을 바꾸겠다는 생각도 해봤다. 그레고르는 결코 이기적인 아들이 아니다. 그는 부모와 누이동생을 위해 자신이 그토록 저주하는 직장에 매일 출근하는 착한 아들이었다. 그는 직장에서 돌아온 후 외출은 거의 하지 않았다. 직업 외에는 별다른 관심이 없는 그는 혼자 있을 때 가끔 목공예 작업에 몰두하기도 했다. 그레고르의 방에 걸려 있는 여인의 초상화 액자는 아마 그의 작품일 것이다. 그러니까 독신인 그레고르가 간접적이나마 여성과 접촉할 수 있는 유일한 통로는 그 여인의 그림을 바라보는 것이며, 동시에 그것은 그의 예술적 재능에 대한 암시도 된다.

    그레고르의 아버지는 아들이 변신하기 전에는 아들에 대해 마음속으로 고마운 마음을 가지고 있으면서도 대체적으로는 무관심한 편이었을 것이다. 변신 전의 부자 관계에 대해서는 작품에서 자세히 언급되어 있지 않아서 두 사람 사이에 특별히 밀접한 관계는 없었다고 보는 것이 타당하다. 아버지에 비해 어머니와 그레고르의 관계는 비교적 긍정적으로 평가될 수 있다. 그녀는 아들을 잘 보살피고 어떤 상황에서든 그의 입장을 옹호해준다. 그레고르와 누이동생의 관계 역시 나무랄 데 없다. 그레고르는 그리 많지는 않지만 직장에서 번 돈의 대부분은 가족의 생계유지를 위해 사용하고, 나머지는 훗날 누이동생의 음악학교 진학을 위해 모아두었다. 그레고르의 변신 후 처음 얼마 동안 보여준 누이동생의 행동 방식은 과거 두 사람의 밀접한 관계와 관련이 있다. 그레고르는 직업과 관련하여 힘들고 지긋지긋한 자신의 생활 방식에 대해 외부로는 불평 한마디 하지 않았지만 마음속에서는 이미 반항의 싹이 자라고 있었다. 직업으로 인한 여러 불만 중에서도 특히 업무상 잦은 여행, 통근기차 시간 준수, 불규칙하고 형편없는 식사, 진실이 결여된 형식적인 인간관계 등은 그레고르에게 가장 고통스러운 것이었다. 그는 근무 시간에 맞추어 자신의 생활을 꾸려가야 하는, 말하자면 시간의 노예였다. 독자들은 그레고르를 통해 관습과 일상에 길들여진 30대 독신 남자의 모습을 상상할 수 있을 것이다. 그레고르는 힘들게 번 돈을 정작 자신을 위해서는 한 푼도 쓰지 못하고, 모든 것이 오직 시간에 의해 지배되는 그러한 상황에서 살아갔다. 작가의 이러한 글쓰기가 그레고르의 삶에 대한 독자의 동정을 유도할 수 있다면, 그것은 오늘날의 시대적 특징이 되는 제반 현상에 대한 우리의 성찰과 인식이 전제되었을 때일 것이다.

한편, 카프카도 그레고르와 유사한 사건들을 경험하게 된다. 특히 시간은 그중 하나이다. 그레고르는 5년 동안 가족의 생계를 책임지는 부양자 역할을 충실히 담당하는데, 그 사이에 그의 경제적인 도움으로 가족은 새집으로 이사도 한다. 이러한 시간표는 카프카에게서도 발견된다. 작품 「변신」이 완성되기 5년 전에 카프카 가족도 새집으로 이사했다. 같은 해 1907년에 카프카는 프라하의 민간보험회사에 취직했다. 그 이듬해 직장 상사와의 인간적인 관계 및 더 나은 근무조건을 이유로 노동자재해보험공사로 직장을 옮겼다.

카프카 작품의 여느 주인공처럼 그레고르와 작가는 독신이라는 점에서 일치한다. 그레고르처럼 카프카도 성인이 된 후에도 프라하의 부모 집에서 생활했다. 그가 살던 방 주변의 어수선한 분위기도 그레고르의 경우와 마찬가지였다. 다만 그레그르와는 달리 카프카는 주변에서 들리는 소음에 매우 예민한 편이었다. 카프카는 일기에 문 닫는 소리, 난로 청소하는 소리, 여동생 발리의 집이 떠나가라 외치는 소리 등이 자신의 정신적 안정을 방해한다고 기록하고 있다. 그러한 상황이 카프카의 글쓰기 작업을 방해했지만, 그는 경제적인 어려움 때문에 자신만의 공간을 마련한다는 것은 생각조차 할 수 없었다. 또한 세 번의 약혼에도 불구하고 결국 결혼에 이르지 못하고 독신으로 남게 된 이유도 카프카 자신의 표현에 의하면 글쓰기 작업에 방해가 된다고 생각했기 때문이다. 하지만 그 점에서는 그레고르의 경우처럼 경제적인 문제도 간과할 수 없는 것이 사실이다. 그레고르가 근무시간 외엔 외출도 하지 않고 목공예 작업에 몰두한 것처럼 카프카 역시 매일 밤 글쓰기 작업에 매달렸다. 그레고르의 예술적인 소질은 기차 시간에 맞추어진 기계적인 삶의 방식 때문에 방해받는다. 그는 누이동생을 언젠가 음악학교에 보내려는 생각으로 자신의 훼손된 희망의 일부분을 복구하고자 한다. 그래서 그레고르의 경우 현실적인 직업과 예술적인 열망 사이의 직접적인 갈등은 발생하지 않는다. 그러나 카프카는 양자 사이에서 타협점을 이끌어내지 못했다. 결국 매일 밤늦게까지 이어질 수밖에 없는 카프카의 글쓰기 작업은 그의 건강을 위협하는 수준에 이르렀다. 여가 시간을 이용한 글쓰기는 카프카에게 단순히 취미나 오락이 아니라 유일하게 진실이 담긴 삶의 한 형태였기에, 글쓰기를 방해하는 직업 활동은 그에게 마치 눈 속의 가시처럼 여겨졌을 것이다.

변신 후 그레고르에게는 모든 것이 달라진다. 인간의 육체 대신 여러 개의 가느다란 다리가 붙어 있는 벌레의 몸이 된 그는 바닥을 기어 다니는 법부터 배우기 시작한다. 이러한 어려움을 극복한 그에게 또 다른 문제들이 발생한다. 그는 자신의 의지와는 무관하게 외판원으로서의 직무를 수행할 수 없게 된다. 동시에 째깍거리는 시곗바늘에 따라 정확하게 진행되어야 하는 일상생활은 더 이상 존재하지 않게 된다. 그레고르는 자신이 그토록 저주했던 직업을 잃게 되었을 뿐 아니라 고대하던 휴식도 얻게 된다. 그는 서서히 세상에 대한 새로운 시각을 획득해간다. 그는 매일 가족에게 일어나는 일을 관찰하면서 우선 집안의 재정 상태가 자신이 생각했던 것만큼 심각한 것이 아니라는 사실을 알게 된다. 5년 전 파산 시 남겨둔 재산이 아직 있다는 사실을 아버지는 그동안 아들에게만 비밀로 해온 것이다. 그레고르는 이러한 사실에 대해 분노하기보다 오히려 가족을 위해 다행한 일이라고 생각한다. 더구나 그는 가족의 미래를 걱정하면서 아버지 대신 일말의 죄책감에 빠져들기도 한다.

그레고르의 외적 특성은 시간이 가면서 점점 동물적인 것으로 바뀐다. 처음에는 언어능력이, 다음에는 식욕과 시각이 상실되어간다. 이러한 과정에도 불구하고 그레고르에게는 인간적인 사고와 인식력, 그리고 가치 판단 능력은 그대로 남아 있다. 그는 누이동생의 바이올린 연주를 들으면서 자신이 여전히 인간임을 스스로 확신한다. 그러나 가족은 그레고르를 더 이상 인간으로 간주하지 않고 그의 방 속에 방치할 뿐이다. 회사에 출근하는 것은 고사하고 이제는 밖으로 나가지도 못하게 된 그레고르는 가족에게 경제적으로 커다란 손실을 초래하는 존재가 된다. 가족은 경제적으로 쓸모없게 되어버린 그레고르를 대신해 각자 새로운 직업을 갖는다. 그레고르의 변신을 통해 가족은 예전과는 달리 각각의 삶에서 능동적인 역할을 담당하게 된다. 특히 아버지는 늙은 나이에도 불구하고 활기찬 직장 생활을 다시 시작한다.

극과 극은 서로 통한다는 속담은 적어도 카프카와 그의 아버지 사이에서는 적용되지 않았다. 자기 스스로를 몸이 비쩍 마르고 연약한 체질이라고 묘사한 카프카의 눈에 아버지는 항상 강하고 힘센 모습으로 각인되었다. 아버지는 훗날 성공적으로 자신의 사업을 물려줄 튼튼한 아들을 원했지만, 카프카에게는 아버지의 그런 현실 지배욕이나 사업 따위엔 전혀 관심이 없었다. 카프카의 삶에서 모든 것을 의미하는 글쓰기 작업은 아버지의 눈에는 한낱 현실 도피처에 불과했다. 아버지의 강압적인 자세와 끊임없는 책망은 카프카의 마음에 깊은 상처로 남았다. 다른 사람 앞에서는 자신의 의견을 표현하지 않는 카프카적 침묵과 수줍음은 그러한 상처의 흔적일 것이다. 항상 자기 자신에게 정당성을 부여하고 아들에게는 반항의 권리를 전혀 허용하지 않는 아버지 앞에서 아들이 느끼는 공포는 카프카의 삶 전체를 지배하는 그 무수한 익명의 불안으로 확장되었다. 그 결과 카프카는 자신의 행동에 대한 믿음을 상실하고, 수시로 자신의 존재 자체에 대한 회의적 감정에 빠져들었다.

카프카는 자신의 비극적인 경험을 작중 인물 그레고르 잠자를 통해 독자에게 제시했다. 그레고르의 변신 후 그의 아버지에게서 볼 수 있는 부정적인 행동 방식은 카프카의 아버지의 것과 동일한 속성을 갖는다. 이러한 일치 역시 결코 우연이 아님은 지금까지 밝힌 바와 같다. 그렇다면 카프카는 이 작품을 쓰기 시작하면서 과연 어떤 의도를 품고 있었을까? 체험의 기록을 통해 자신의 고통을 감소시키려는 것이었을까? 아니면 작품의 완성도를 위해 자신에게 가장 익숙한 기억의 한 부분을 단순히 활용한 것에 불과한 것일까?

무죄인가 유죄인가
―『심판』론

생성사

작품 『심판』의 집필 기간은 1914년 8월 초에서부터 1915년 1월 말까지의 6개월 정도로, 이 기간 동안 카프카는 전력을 다해 이 작품에 매달렸다. 그러다가 돌연 포기해버리고 마는데, 그 이유는 알 수 없다. 그래서 이 작품을 구성하고 있는 10개의 장 가운데 6, 8, 9장은 미완성으로 남아 있다. 카프카 생전에는 세상의 빛을 보지 못하고 유고로 전해진 이 작품은 1925년 친구 막스 브로트에 의해 출판되었다.

이 작품의 직접적인 집필 동기 및 죄와 재판과 같은 주제성은 1914년 7월 12일에 있었던 펠리체 바우어와의 첫 번째 파혼 사건과 관련이 깊다. 펠리체는 사실 처음부터 카프카의 요구에 부합되는 이상적인 사랑의 파트너가 아니라, 결혼과 가정생활이 목적인 현실적인 여성이었다. 그러니까 그녀는 카프카에게는 결혼과 가정, 그리고 시민적인 삶을 대표하는 셈이다. 1914년 6월 1일 베를린에서 양가 부모가 참석한 가운데 약혼식을 올린 직후부터 이미 카프카는 자신을 마치 구속된 상태의 범죄자처럼 생각하게 되었다. 그러니까 카프카로서는 펠리체와 결혼하게 되면 시민적이고 규범적인 삶 속으로 침몰될 수 있다는 불안감을 떨칠 수 없었을 것이다.

두 사람은 약혼한 지 6주 만에 결국 파혼을 하는데, 호텔 아스카니셔 호프에서 있었던 파혼식에는 두 사람의 친구인 그레테 블로흐와 에른스트 바이스, 그리고 친척 몇 명이 참석했다. 파혼의 공식적인 이유는 제도화된 결혼에 대한 카프카의 회의라고 알려져 있다. 그러나 펠리체가 파혼을 승낙하게 된 결정적인 이유는 그녀의 친구 블로흐와 카프카 사이에 주고받은 허심탄회한 편지 내용 때문이었다. 카프카는 펠리체와 멀어지고 블로흐를 만났는데, 그녀와 약 일 년에 걸친 편지 왕래를 하면서 두 사람은 밀접한 관계를 맺었다. 카프카는 생전에 블로흐가 자신의 아이를 임신했으며, 1915년에 태어난 아들이 7년 만에 죽었다는 사실을 전혀 알지 못했다. 블로흐는 한편으로는 펠리체에 대한 죄의식에서, 다른 한편으로는 카프카가 아이를 원하지 않는다는 것을 알고 있었기 때문에 그 사실을 영원히 숨겼다. 카프카는 자신과 펠리체 사이의 파혼 협상에서 중재자로 참석한 블로흐가 자신과의 편지 내용을 공개해버림으로써 그녀에게 기만당했다는 느낌을 지울 수 없었다. 그는 자신과 블로흐 두 사람 모두에게 책임이 있음을 통감했다. 주인공을 죄와 심판의 문제를 중심으로 한 내적 갈등으로 몰고 가는 작품 『심판』의 주요 동기들이 바로 이런 상황에서 연유하고 있음은, 파혼식의 무대를 '호텔에서의 법정'이라고 기록하고 있는 카프카의 일기가 입증해주고 있다.

파혼을 통해서 카프카는 일종의 해방감을 느끼기도 했지만, 동시에 결혼과 가족 구성이라는 시민사회에서의 중요한 덕목을 거부했다는 죄책감에서 벗어나지 못했다. 이러한 죄의식에서 그는 자기 자신을 스스로 고발하고 또 재판하는 내적 심판 과정을 경험하게 되었다. 그러나 약혼 실패의 경험을 언어적으로 재구성한 이 작품이 과연 자기 심판의 과정을 통해 작가의 죄의식 해소에 기여한 부분에 대한 판단은 전적으로 독자의 몫으로 남는다.

수용사

작품 『심판』의 수용사를 개관하기 위해서는 주요 비평가들의 글을 요약해서 살펴볼 필요가 있다. 작품에 대한 초기 비평으로는 1925년 4월 26일 『베를린뵈르젠-쿠리어』지에

「프란츠 카프카: 심판」이란 제목으로 에른스트 바이스가 쓴 글을 들 수 있다. 이 글에서 그는 작품에서 나오는 소송 절차가 작가 자신의 양심의 소리에 대한 심판과 같은 것이라고 주장하고 있다. 그러니까 작품은 주인공이 스스로를 고발하고 또 처벌하는 과정 속에서 반쯤 사라져버린 자신의 영혼에 대한 탐사 작업과 다름없다는 것이다. 에른스트에 계속 기대면, 작가에게 고통을 주면서 내적으로 이루어지는 은밀한 자기 점검의 과정을 통해 내려진 판결은 이 작품을 진실한 삶의 기록, 다시 말해서 전율을 느끼게 하는 삶의 희비극으로 만들어 준다는 것이다.

1925년 9월 9일자 베를린 일간지에 「프란츠 카프카의 유고」라는 제목으로 헤르만 헤세의 비평이 실렸다. 이 글에서 헤세는 카프카가 자신의 작품에는 결코 만족하지 않는 보기 드문 작가라고 평가하면서, 작가의 많은 친구의 마음을 매혹적으로 사로잡은 『심판』은 기이하고 자극적이며 놀라운 작품인 동시에 우리 모두를 행복하게 해주는 책이라고 평했다. 그는 또 이 작품을 가장 섬세한 꿈의 실로 엮어진 하나의 직물에 비유하면서, 그 내용 또한 꿈과 강력한 환상 속에서 전개되는 섬뜩한 가상 세계를 중심으로 이루어져 있어 독자의 머릿속에 작품의 비밀스런 의미가 떠오를 때까지 악몽처럼 독자 자신을 가위 눌림과 불안으로 몰고 간다고 했다. 이어서 헤세는 작품의 의미는 일상적인 것에서 벗어나려는 비일상적인 사소한 관심이 아니라 어쩌면 종교적인 관심에 있을 수도 있다고 조심스럽게 주장했다. 그러니까 이 작품 속에는 겸손과 경외심을 일깨우는 어떤 경건함의 분위기가 녹아 있다는 것이다. 결론적으로 헤세는 삶 자체의 죄를 보여주는 작품의 주인공은 삶 앞에서의 두려움에 대한 인식을 갖기 시작함과 동시에 자신의 죄와 고통의 의미 속에서 방황하게 되지만, 궁극적으로 그에게 피할 수 없는 운명에로의 경건한 헌신과 체념의 과정을 통한 구원의 가능성도 열려 있기 때문에 이러한 삶의 교훈이 바로 이 작품에서 울려 나온다는 것이다.

야콥 엘리아스 포리츠키는 베를린에서 발행되는 문학 정보 잡지 『문학』 1926년 4월호에 실린 「공상가들」이란 제목의 글에서 『심판』을 고통스러운 자기 학대와 세계 상실감으로 가득 찬 작품이라고 진단했다. 그에 따르면, 이 작품을 읽는 독자는 마치 자신이 음침하고 황량하고 무서운 여러 단계로 구성되어 있는 꿈속 같은 지옥을 두루 방랑하는 것 같은 느낌을 받게 된다. 이러한 과정을 통해 독자는 주인공과 함께 극심한 정신적 고문 상태 속에서 절망으로부터의 탈출 부재의 고통을 경험하게 된다.

또한 1930년대는 독일 파시즘의 시대적 경향이 이 작품 속에 깊이 투영되어 있다는 해석 방향이 대두되었다. 1933년 막스 브로트는 이 작품의 주인공이 겪는 억압과 박해 속에 유대 민족의 운명적 상황이 특징적으로 나타나 있다고 주장했다. 특히 시대사적으로 볼 때 주인공 요제프 K의 감시인들과 그를 살해하는 익명의 남자들의 행동 양식에는 히틀러 시대에 유대인 색출을 주 임무로 하던 친위대원의 모습이 선취되어 있다는 견해도 등장했다. 1945년 이후, 즉 독일 전후(戰後) 시대의 사회 구성원 간의 이념적 대립으로 야기된 정신적 갈등 상황 속에서 독자의 상당수가 카프카에 열광하게 된 데는 특히 제3제국 시대에 각 개인이 처했던 특별한 상황과 관련이 있다. 과거의 사회질서가 무너진 후 삶의 좌표와 희망을 상실한 당대 인간들은 이 작품 속에게 자신들의 상황을 확인했기 때문이다. 오늘날 작품 『심판』의 의미가 갖는 역동성은, 인간이 죄에 대한 인식을 통해 자아를 찾는 자기 발견의 독립된 행위로 나아가는 과정과 맞닿아 있다. 이러한 새로운 해석은, 진정한 의미에서의 자기 발견을 위해서는 타자에 의한 것이 아니라 자기 스스로의 인식력을 통해 자기규정으로 나아가는 어려운 결단을 독자로 하여금 스스로 전제하도록 강요한다.

그 밖에 대다수 비평가도 앞서 언급한 해석 방향의 범주를 크게 벗어나지 않는다. 『심판』에 대해 최고의 찬사를 아끼지 않는 비평가들은 대부분 이 작품이 여러 계층의 독자가 갖는 보편타당성 때문에 카프카의 작품 중에서 가장 훌륭하다는 데 인식을 같이하고 있다. 널리 알려지다시피 카프카의 연구가뿐만 아니라 애독자들도 그를 인간의 일상생활에서 발생하는 사소한 사건만으로도 다의적인 해석이 가능한 복잡한 구성의 작품을 만들어낼 수 있는 독일어의 숨은 대가요, 심지어는 언어의 마술사로 떠받들어왔다. 또한 그들은, 자신의 작품을 소각해달라는 카프카의 부탁에도 불구하고 그가 죽은 지 2년 만에 이 작품을 출판해준 카프카의 영원한 친구 막스 브로트에 대한 감사도 잊지 않고 있다.

문체적 특징

작품의 언어는 전체적으로 볼 때 감정이 실리는 군더더기가 없는, 핵심만을 찌르는 객관성이 특징이다. 대체적으로 카프카는 간결하고 냉정하고 중립적이며 어휘가 많지 않아서 소위 공문서체라고 불리는 문체를 선호한다. 이러한 언어로 이루어진 그의 작품에는 일상적인 것에 대한 묘사나 구어적인 표현 또는 감정적인 서술 등이 다른 작가들의 경우와 비교해서 상당히 결여되어 있다. 따라서 모든 개별적인 단어, 모든 은유나 상징, 그리고 모든 언어적인 결합과 표현은 각각 독립된 의미를 획득하고 있다. 『심판』의 경우에도 독자에게 전달되는 전체적인 의미의 추상성에도 불구하고 언어는 어휘가 빈약하여 단순 명료하고 구체적이며 문자 그대로 축어적(逐語的)으로 사용되고 있다. 이러한 언어적 특징은 독자로 하여금 각 단어에 대해 두 가지, 즉 글자 그대로의 의미와 추상적인 의미를 동시에 연상하게 한다.

카프카의 문체를 통해 전달되는 의미는 그것이 현상적으로 나타나는 것뿐만 아니라 어떤 본질적인 것과도 밀접하게 연관되어 있는 특성이 있다. 예컨대『심판』에서 자주 언급되는 법원에 대한 묘사에서 독자는 한편으로는 현실 속에서의 법원의 기능과 속성을 확인하며, 다른 한편으로는 완전히 비현실적인 법원의 모습을 동시에 발견하게 된다. 소위 카프카적이라고 불릴 정도로 독자적인 특징을 보여주는 카프카의 서술 문체를 통해 독자에게 전달되는 분위기는 불안과 공포, 소외와 파멸을 상징하는 표어의 그것과 유사하다. 이러한 작품의 분위기에 독자는 인간의 이성적인 판단을 거부하며 의미가 상실된 운명의 힘 속에 내맡겨진 현대인의 모습 속에 자기 자신을 투영해보게 된다. 그 결과 독자는 현대사회의 관료조직이나 익명의 권력 구조를 통해 인간에게 가해지는 위협과 그 앞에서의 무기력, 그리고 근원적인 죄와 구원의 가능성에 대한 절망적 인식을 경험하게 되는 것이다. 카프카에게 글쓰기는 하나의 도피의 가능성이고, 언어 자체는 그를 아버지의 영역으로부터 벗어나게 하는 수레와 같은 것이다. 바로『심판』에서 카프카의 정확하고 투명하며 완전한 언어를 위한 일종의 투쟁이 전개되는 것이다.

그러면 이러한 언어적 특성을 보여주는 대표적인 문단을 작품에서 발췌하여 분석해보기로 하자. 요제프 K는 재판소 사무실 복도에서 자신과 마찬가지로 고소당해 재판을 기다리고 있는 한 남자를 만나게 된다. 그들은 서로 대화를 나눈다.

> "당신은 내가 피고라는 사실을 믿지 않지요?" 하고 K가 물었다. "아니, 천만의 말씀을." 그 남자는 이렇게 말하고 옆으로 약간 비켜섰지만 그의 대답에는 그렇게 믿는다는 뜻보다는 오히려 불안감이 묻어났다. "그러니까 믿지 못하는 거지요?"라고 K는 질문하면서 남자의 비굴한 태도에 자기도 모르게 자극이 되었는지 자기 말을 억지라도 믿게 하려는 듯이 그의 팔을 붙잡았다. 물론 고통을 주기 위한 것이 아니기 때문에 가볍게 공격했던 것인데 그 남자는 마치 K가 두 개의 손가락이 아니라 불에 벌겋게 단 부젓가락으로 그를 집은 것처럼 날카로운 비명을 질러댔다. 이런 우스꽝스러운 소리를 듣자 K는 그 남자가 지겨워졌다.

일견 감정이 전혀 실리지 않은 것 같은 이 문단의 행간에는 지루함 때문에 던지는 K의 물음 속에 어떤 긴장감이 흐르고 있다. "당신은 내가 피고라는 사실을 믿지 않지요?"라는 질문은 K 자신이 절대로 피고인이 아님을 인정받고 싶어 하는 의도가 내포된 일종의 수사학적인 물음이라고 할 수 있다. K는 그 남자의 대답에 대한 실망감을 공격적인 태도로 표현한다. 비록 독자는 K가 그 남자를 가볍게 건드린 것에 불과하다고 생각하지만, 작품에서 사용된 "공격했다"라는 단어는 K의 강압적인 행동을 암시해주고 있다. 이 부분에서 카프카는 독자에게 "공격했다"보다는 차라리 "붙잡았다"라는 단어를 더 기대하고 있었을지도 모른다. 이렇게 K의 의식적 행동과 무의식적 잠재의식 사이의 모순은 단순하고 간결해서 투명해 보이기까지 하는 문체 속에서 확인해볼 수 있다. 폭력을 사용해서라도 그 남자의 대답을 철회시키고자 하는 K의 숨겨진 의도는 "마치 K가 두 개의 손가락이 아니라 불에 벌겋게 단 부젓가락으로 그를 집은 것처럼"이란 문장에서 더욱 뚜렷해진다. K의 숨겨진 공격성은 "불에 벌겋게 단 부젓가락"의 연상 속에서 최고조에 달한다.

위에서 인용한 부분은 카프카가 이 작품에서 어떤 서술 태도를 지향하고 있는지를 요약적으로 보여준다. 전체적으로 볼 때 카프카는 이 작품에서 3인칭 소설의 형식을 취하면서도 오직 요제프 K의 시점에서만 이야기되는 소위 부분적인 인물시각적 서술 방식을 사용하고 있다. 이러한 특별한 서술 방식은 독자에게 작가와 주인공 요제프 K가 동일한 인물임을 강하게 암시하고 있는 것이다. 작가는 작품의 줄거리 전체를 관할하고 그 진행 방향을 미리 내다보고 있는 전지적(全知的) 시점에서가 아니라 오직 요제프 K의 생각과 추측만을 독자에게 전달하고 있다. 동시에 내면의 독백이나 카프카 특유의 체험 화법을 사용함으로써 화자의 역할을 최소화하는 이 작품의 문체는 독자에게 사건으로부터 거리를 둔 비판적인 인식을 허용하지 않는다. 그러니까 이러한 일의적인 서술 과정이 주로 사용된 이 작품에서 독자는 오직 주인공의 인식의 범위 속에서만 사건들을 경험할 수밖에 없는 것이다. 따라서 독자는 작품에서 시종 수수께끼와 같이 비밀스런 법원에 대해 주인공보다 더 많은 정보를 결코 얻지 못한 채 K의 혼란스런 상태를 그와 같이 체험하도록 강요받는다.

이 작품의 도처에 복선처럼 깔려 있는 해석상의 불명료성은 독자로 하여금 내용에 대한 다양한 해석을 시도하도록 자극하는 긍정적인 기능을 담당하기도 한다. 그러니까 내용의 난해성이야말로 독자로 하여금 이 작품을 한 번 읽은 후에도 즉시 손에서 내려놓지 못하고 계속해서 그 의미에 대해 심사숙고하게 만드는 요소가 되는 것이다.

작품의 전기적 요소

『심판』은 카프카의 많은 작품처럼 그의 삶과 직접적인 관련성 속에서 구성되어 있다. 이 작품에서는 카프카 자신과 그가 작품을 집필할 시점에 관계가 있었던 사람들이 다른 이름으로 등장하고 있다. 카프카의 육필 원고에서 확인되는, 작중 인물 요제프 K와 뷔르스트너 양(Fräulein Bürstner)에 대한 독일식 머리글자인 K와 F.B가 각각 카프카 자신과 펠리체 바우어(Felice Bauer)의 것과 일치한다. 이외에도 작품 내용 자체가 카프카의 실제 삶과 밀접하게 연관되어 있는 부분도 있다. 예컨대 작품에서 K는 31번째 생일 전날 밤에 죽게 되는데, 카프카도 펠리체와의 약혼을 파기하려고 31번째 생일 전날 베를린으로 갈 결심을 한다. 카프카는 아마도 파혼 사건을 자신에 대한 처형으로 받아들인 것이 아닐까? 또한 아버지 콤플렉스를 유발하는 부자간의 갈등도 이 작품에서 다루어지고 있다. 생활력이 강하고 힘 센 아버지와 연약한 아들 사이의 육체적 대비 관계는 작품에서 개인에 대한 지배와 심판의 추상적인 심급인 법원의 재판관과 주인공 K와의 투쟁 속에서도 발견된다. 카프카에게 아버지는 가장 높은 곳에 있는 재판관이며, 소송 사건에서 최종의 심급과 같은 인물로 여겨진다. 작품에서는 아버지 인물 외에도 어머니 인물들의 감정 상태나 행동 방식을 통해 카프카의 어머니를 연상시키는 그루바흐 부인과 같은 보충 인물들이 등장한다.

이 작품의 주제적 특징들 중 하나로서 전혀 탈출구가 없어 보이는, 설명이 불가능한 죄로 인한 고통 역시 카프카의 유년 시절의 사건들과 관련이 있다. 카프카는 성장 과정에서 이유도 없이 아버지로부터 종종 심한 질책을 받곤 했다. 그는 어린 시절 물을 한 컵 달라고 아버지를 귀찮게 했다고 한밤중에 발코니에 갇혀 있기도 했다. 이러한 카프카의 내적 상처는 영원히 자신의 죄를 모른 채 체포되어 결국 살해당하는 작품의 주인공 K의 모습에 고스란히 각인되어 있다. 초등학교 때 아무 잘못이 없는데도 그의 나쁜 행동을 학교 선생님에게 일러바치겠다고 위협한 가정부에 대한 경험도 이 작품의 도입부의 상황과 일치한다. 결혼을 회피함으로써 자신의 내면으로부터 극복할 수 없을 만큼 커져버린 카프카의 죄의식도 다른 사람과의 정상적인 인간관계에서 무능력함을 보여주는 요제프 K의 행동 방식 속에 반영되어 있다. 이러한 무능력은 그의 작품에서 항상 언급되는 여자들과의 관계에서 전형적으로 나타난다. 요제프 K가 관계를 맺으려고 시도하는 여자들은 대부분 그의 눈에는 창녀와 같은 인물로 보인다. 뷔르스트너 양 같은 경우 이러한 인물의 성격에서 벗어나는 몇 안 되는 여성들 중 하나이지만 요제프 K는 그녀와도 지속적인 인간관계를 보여주지 못한다.

이 작품에서 카프카의 공간적인 삶의 상황은 대단히 비중 있는 역할을 차지한다. 카프카는 자신의 삶의 거의 대부분을 고향 프라하에서 보내게 되는데, 그 도시의 인상도 이 작품 속에 반영되어 있다. 지형적으로 굴곡이 심한 프라하는 높은 지대에 위치하는 성과 성당으로부터 저지대의 구시가지로 이어지는 공간적인 특성을 보여준다. 작품에서 성당은 만남의 중심 장소로 요제프 K에게 중요한 역할을 한다. 성당은 결국 K가 삶의 의미를 헛되이 추구하는 무대가 되고 만다. 프라하의 높고 낮은 지형적인 대조 상황은 당시의 사회 계층들과 권력 상태에서도 반영된다. 작품에서 주인공은 법원 건물을 찾아가기 위해 교외의 낯선 지역에 도착한다. 도시 빈민 노동자들의 주거지인 이 지역은 그곳의 비참한 일상적 현실과 더불어 K가 속해 있는 시민적이며 안정된 삶의 세계와 뚜렷한 대조를 이루고 있다. 더 나아가 제1차 세계대전 발발 당시 노동자재해보험공사로부터 인정받은 탁월한 업무 능력 덕분에 군대 면제를 받은 것에 대한 카프카의 죄의식은 그해 1914년 8월에 집필하기 시작한 이 작품에서 주인공의 의식 속으로 자연스럽게 전입될 수도 있었을 것이다. 아울러 이 작품 속에 담겨진 예기치 못한 체포, 채찍을 휘두르는 정체불명의 남자들, 반항할 수 없는 당국의 명령, 잔인한 살인 등의 모티프는 훗날 나치의 테러를 예고하기도 한다.

카프카의 개인적 경험에서 농축된 문제의식이 사건 이면에 짙게 깔려 있는 이 작품은 1914년부터 1915년 사이에 씌어졌지만 인간 존재의 본질에 대한 문제와 맞닿아 있는 작품의 주제성과 그 해석의 다양성 때문에 오늘날의 독자에게도 여전히 새로운 의미를 던져주고 있다.

'법 앞에서'와 기다림

『심판』에서는 주인공 요제프 K의 재판에 대한 착각과 관련하여 법 앞에 서 있는 문지기와 시골에서 온 남자에 대한 이야기가 삽입되어 있다. '대성당에서'란 부제가 붙어 있는 작품 9장에서 신부에 의해 이야기되는 '법 앞에서'는 『심판』의 중심축으로서 작품의 전체적인 해석에 열쇠가 된다. 요제프 K의 운명을 시골 남자의 모습에 비유적으로 묘사하고 있는 '법 앞에서'는 어떤 문지기가 지키고 서 있는 법 앞에 시골에서 올라온 남자가 안으로 들어가게 해달라는 요청으로 시작된다. 지금 당장은 들어갈 없다는 대답을 듣고 다시 나중에 들어갈 수 있는 가능성을 타진하는 시골 남자에게 문지기는 나중이면 몰라도 지금 당장은 안 된다고 답변한다. 법 안으로 들어가는 문은 열려 있고, 문지기는 자신의 금지 명령에도 불구하고 그 시골 남자가 법 안으로 들어가는 것을 구태여 말리지는 않겠다고 말하면서도, 동시에 문지기는 시골 남자에게 자기도 힘이 있지만 법 안에는 자기보다 권력이 더 센 문지기들이 많이 있다는 경고의 말도 잊지 않았다. 결국 시골 남자는 기다리기로 결심한다. 기다리는 동안에도 입장 허가를 받아내려고 끊임없이 문지기를 귀찮게 하고 심지어 매수할 작정으로 그에게 돈까지 주기도 한다. 오랜 세월이 지나 시골 남자는 죽기 바로 전에 법 안으로 들어가려고 시도하는 사람이 자기 외에 아무도 없다는 사실을 깨닫고 그 이유를 물어본다. 문지기는 이 문이 시골 남자만을 위한 것이라고 대답해주고 문을 닫는다.

시골 남자와 요제프 K, 이 두 사람은 모두 무의미한 투쟁을 수행하며 투쟁 기간 동안 점점 어린아이처럼 단순해지고 무력해진다. K는 법원에 대해 자신의 무죄를 입증하려 하고, 시골 남자는 법 안으로 들어가는 입장 허가를 요구한다. 그들의 투쟁은 각각 법원 상부로의 접근이 차단되어 있는 하급 법원과 가장 힘이 약한 문지기를 겨냥한다. 두 사람은 모두 가장 저급한 심급의 발언 자체를 문제 삼는 일 없이 그대로 수용하는 셈이다. 그리고 그들은 투쟁의 실패에 대한 책임의 일부를 스스로에게 부과한다. 외부로부터 자신을 방어하고 저항하는 단호한 의지의 부족은 두 사람의 공통분모가 된다. 시골남자는 법 안으로의 입장을 방해하는 문지기의 힘을 넘어서려고 하지 않는다. 시골 남자는 자기 내면의 목소리에 귀를 기울이거나 적어도 문지기가 한 말의 진실 여부를 점검하기보다 문지기의 금지 명령만 따를 뿐이다. 시골 남자는 문 앞에서 기다리면 기다릴수록 그만큼 더 자기 자신으로부터 멀어진다. 자신에 대한 소송 사건을 자연스런 시간의 흐름에만 맡기면서 무사 안일주의를 선택하는 요제프 K도 재판 기간 중 한 번도 법원에 증거조사 신청을 하지 않는다.

사실 요제프 K가 법원이 요구하는 것은 아무것도 없다는 신부의 발언을 진지하게 받아들였다면 자신의 의지로 법원이란 영역을 떠날 수도 있었을 것이다. 법 안으로 들어가기 위해 자유의지로 길을 떠나온 시골남자 역시 자신의 목표 바로 앞에서 법의 가장 낮은 심급에 굴복하고 만다. 두 사람은 모두 한편으로는 자신들의 우유부단함과, 다른 한편으로는 자신들에 대하여 비밀스럽고도 은밀하게 마주 서 있는 심급 때문에 파멸하고 만다. 또한 그들은 자기 자신들을 속이는 동시에 자신들로부터 속임을 당하기도 하는데, 법원이란 법 자체와 마찬가지로 본래 도달 불가능한 곳일 뿐 아니라 그 실체가 모호하기 때문이다. 시골 남자의 경우와 마찬가지로 본질적인 것을 인식하지 못하고 자신에 대한 소송에 무능한 방법으로 대처해나가는 요제프 K도 결국 스스로의 죄로 인해 목적을 달성하지 못한다.

유대 문화는 기다림의 문화이다. 그러니까 메시아는 구원의 인물로서 이러한 기다림의 문화 속에 중심이 된다. 시골 남자 또한 대다수의 유대인처럼 기다림의 상태로부터 구원을 동경한다. 그의 끈질긴 기다림의 목적은 법—본질적인 것 또는 제일 높은 심급—으로의 입장이다. 그러나 여기서의 기다림은 작품 『성』의 인물 K나 바르나바스의 아버지의 그것과 마찬가지로 구원을 위한 전제로서의 기다림이 아니라 그저 기다림 자체일 뿐이다. 자기도 힘이 있는 사람이라는 문지기의 말을 당연한 것으로 믿어버리는 시골 남자는 자신의 자유의지를 포기하고 문지기의 완고한 태도를 행동의 척도로 삼으면서 다시는 법 안으로 들어갈 수 없는 죄를 범하게 된다. 그러니까 시골 남자에게 문지기는 법 안으로의 입장을 방해하는 유일한 걸림돌이 되는 셈이다. 법에 의해 보장된 심급인 문지기의 권위에 대해 전혀 의심하지 않는 시골 남자는 기다림의 가치를 확고하게 신봉한다. 법에 대해서는 잘 모르지만 자신은 무죄라고 생각하는 요제프 K처럼 법에 대해서는 진지하게 생각해본 적이 없는 시골 남자는 문 안으로 들어간다는 것 외에는 관심이 없다. 시골 남자가 그렇게 오랫동안 기다린 후에야 비로소 문지기는, 시골 남자에게 기다림 자체가 큰 의미가 있었으며 진지했다는 사실을 인식하고 때늦은 입장을 허용한다. 기다림 자체만이 유일한 존재의 형식이 되어버린 시골 남자에게 구원의 길은 멀게만 느껴질 뿐이다. 문 옆에 마련된 의자에 앉아서 자신에게 허락된 삶의 대부분을 허비해버리는 그에게 삶의 목표는 애초부터 설정되어 있지 않다. 만약 시골 남자가 기다림을 중지하고 문턱을 넘어서려 했다면, 그는 기다림만으로 보상받을 수 있는 삶의 중요한 의미는 없다는 사실을 인식했을 것이다.

법 안으로 들어가는 문은 오직 시골 남자만을 위한 것이었기에 여기서 법이란 모든 사람에게 일반적으로 적용되는 법 자체가 아니라, K가 그토록 도달하기를 원했던 『성』의 중심부처럼 실체가 없는 가상체로서 삶에 의미를 부여하는 어떤 힘 자체인 것이다. 삶의 마지막 단계에 선 시골 남자는 생기 잃은 눈으로 어둠 속에서 한줄기 빛을 찾는다. 삶에 의미를 부여하는 이러한 빛이야말로 지금까지의 삶이 완전히 의미가 없었다는 비극적인 자각에 한줄기 위안을 던져줄지도 모른다.

작품의 주요 인물들

주인공 요제프 K

작품의 도입부에서부터 일상 세계의 틀 속에서 독자에게 소개되는 주인공의 성명에 관한 정보는 요제프란 이름만 제공될 뿐 성은 K라는 머리글자로 축소되어 있다. 그 외에 주인공의 외적 삶에 대한 정보는 지방에서 태어나고 자랐으며, 몇 년 전부터 은행 직원의 경력을 쌓아왔고, 지금은 어떤 하숙집에 방 하나를 얻어 생활하고 있다는 것이다. 주인공의 서른 번째 생일 전날까지의 삶은 정상적이고 평균적이라고 할 수 있다. 그런데 서른 번째 생일날 아침 갑자기 그의 일상적인 흐름은 완전히 뒤죽박죽이 되어버린다. 결국 그는 작품의 첫 장에서 이미 그의 사생활 속으로 침입한 법원의 하급 관리에 굴복하고 만다.

처음에 요제프 K는 자신이 알지 못하는 법원과의 투쟁을 선언한다. 그는 그 순간부터 그러한 법적인 심급에 종속되어 있으며 더 이상 자유롭지 못한 상태에 놓인다. 그렇지만 K는 그러한 자신의 상황을 제대로 인식하지 못한 채 항상 자신이 신중하고 자부심 있는 은행원임을 웅변하지만 현실적으로 그는 초라한 피고인에 불과할 뿐이다. 다른 피고인들을 만나고 나서야 비로소 그는 자신이 처한 상태가 얼마나 비참한지 인식하게 된다.

어느 날 K는 소송 절차상 직접 자신의 변론을 맡기로 결심하고 변호사로부터 소송대리인의 자격을 박탈해버린다. 재판 진행 과정에서 마침내 중심에 서게 된 K에게 무죄에 대한 확신은 한층 더 강해진다. 요제프 K는 체포를 통해서 그가 일정한 권력을 행사했던 시민적 환경에서 무력한 프롤레타리아적 환경으로 전락하게 된다. 사회적 중산층에서 내려와 법원이 위치한 암흑가를 전전하게 된 K는 사회적 계급 구조의 최하 단계에 위치하게 된다. 피고인이라는 K의 사회적 위치에 걸맞게 그에게는 세탁부나 법원의 정리 정도가 관심의 대상이 될 뿐이다.

  K는 법원에 의해 점점 더 축소되어간다. 법원은 재판이 진행되면서 K의 삶의 모든 영역으로 공격해 들어간다. 그 결과 K는 피고인으로서의 자신의 지위를 영원한 현재형으로 기억하게 된다. 그러니까 법원으로서는 마침내 자신의 모든 방어력을 상실하고 자포자기 상태가 될 정도로 한 남자를 굴복시키는 데 성공한 셈이다.

변호사 훌트

  요제프 K는 자신에 대한 재판에 대응하면서 세 사람, 즉 변호사 훌트, 화가 티토렐리, 교도소 신부를 만나게 된다. 다소 정도의 차이는 있지만 그들은 모두 법원이라는 법률적 심급의 속성을 잘 알고 있다. 작품에서 가난한 사람들의 변호사로 묘사되는 훌트는 사회적 명성도 누리고 있다. 법원 관계자들과 밀접하게 교제하고 있는 그는 그들의 방문을 통해 요제프 K의 재판에 대해서 알게 된다. 그는 육체적으로 허약하고 병들어 늘 간호사의 도움이 필요한 인물이다. 요제프 K의 숙부 알버트의 친구인 그는 재판 경험이 풍부한 변호사이기도 하다. 비록 K의 숙부가 좋은 의도에서 시작했겠지만 그의 개입으로 K의 소송 사건은 한층 더 복잡하게 진행된다. 훌트는 항상 K에게 소송과 관계없는 일반적인 얘기만 장황하게 늘어놓으면서 자신을 위해 실질적으로 한 일은 무엇인가를 묻는 K의 질문을 회피해버린다. 결국 그의 변호사로서의 대리권은 K에 의해 취소된다.

화가 티토렐리

법원과 피고인 K 사이의 또 다른 중개인으로서 법원의 초상화가인 티토렐리를 들 수 있다. 그는 법원을 위해 재판관의 초상화를 그려주기도 하기 때문에 K의 재판에 도움을 줄 수 있는 인물이다. 법원 건물이 위치하는 교외에 살고 있는 그는 소위 법원의 고문이기도 하다. 그는 자신의 뜻이 아니라 법원으로부터 세세한 지시를 받고 재판관의 초상을 그리는데, 일상생활에서는 그 정체가 모호하고 불투명해 보이는 재판관이란 직책의 고유한 본질과 기능과 의미를 인위적으로 투명하게 보이게 하는 임무를 수행한다. 이러한 점에서 자신에게 일거리를 주는 사람의 의도에 철저히 굴복하는 티토렐리는 자기 그림을 통해 재판관들에게 직책에 대한 자부심과 위엄을 선사한다. 티토렐리의 아버지가 이미 법원의 화가로 일했다는 사실에서 법원과의 유착 관계는 그에게 세습되고 있는 셈이다. 법원 구내에 속하는 사무실을 아틀리에로 빌려 쓰고 있는 그는 재판관들과 개인적으로 밀접한 관계를 이용하여 그들에게 영향력을 행사한다. 법적인 정식 직책이 없는 그는 그림 주문자들로부터도 어느 정도 자유로운 입장에 있다. 법원과 피고인들 사이를 연결해주는 티토렐리는 자신에게 그림을 주문하는 법원 고위층으로부터도 독립적으로 존재하기 때문에 중개인으로서, 또 중간 심급으로서 그의 역할은 적합하다. K는 변호사 훌트의 경우와는 달리 티토렐리와의 관계에서 훨씬 더 자유롭고 자연스러운 감정을 느낀다.

교도소 신부

정체를 알 수 없는 법원과 관계를 맺고 있는 중간 인물들 중에서 법원과 재판의 속성에 가장 정통한 인물로서 성명은 알려져 있지 않다. 그의 인간적인 특징은 교도소의 죄수들을 교화하는 일을 맡아보는 교회사(教誨師)라는 직책으로 암시된다. 법원과 관련된 다른 중개 인물들과 요제프 K와의 계획에 의한 준비된 만남과는 달리, 신부와의 만남은 우연히 이루어진다.

은행 지점장의 부탁으로 고객인 이탈리아인을 시내 관광을 시켜주기 위해 성당으로 간 K는 그 대신 신부 한 사람을 만난다. K는 자신을 경멸하는 듯한 신부의 발언에도 불구하고 법원을 대표하는 모든 사람 중에서 그에게 가장 큰 신뢰를 보낸다. 신부는 그 자신의 표현대로 요제프 K에게 어떠한 선입관도 갖지 않는 유일한 인물이다.

법원

 이 작품은 현실의 법원의 모습과는 일치하지 않는 미지의 법원을 중심으로 전개되는 소송 사건을 다루고 있다. 요제프 K는 자신에 대한 고소 사건과 관련하여 심리를 받기 위해 법원에 소환된다. 교외에 있는 더러운 건물 안 다락에 위치한 법원의 모습은 현실에서 일반적으로 인식되고 있는 것과는 사뭇 다른 모습이다. 그러니까 이 작품에서 문제가 되는 것은 결코 규범적이고 표준적인 법원이 아니라는 것이다. 그렇다면 요제프 K가 재판받는 그곳이 도대체 어떤 종류의 법원인지, 또 그것이 민사소송인가 형사소송인가 하는 문제에 대해 독자에게 제공되는 정보는 전혀 없다. 이 작품에서 법원은 그 정체가 본질적으로 불명료하고 모호한 상태로 남아 있다. 그래서 요제프 K가 자신을 방어하기 위해 시도하는 것은 모두 헛수고로 끝나게 된다. 재판이 현실적으로 열리고 있는지, 또 고소인의 정체와 고소 내용이 무엇인지에 대한 정보도 독자에게 차단되어 있다. 고소인과 관련하여 "누군가가 요제프 K를 중상했음이 틀림없다."라는 작품의 첫 문장에서 이미 화자는 "누군가"라는 익명을 사용함으로써 애초부터 소송을 제기한 원고가 작품에서 차지하는 비중을 의도적으로 감소시키고 있다. 모든 소송에서 전제가 되는 죄의 유무나 죄의 성격도 독자에게 분명하게 알려져 있지 않다. K는 결국 법원이 원래 아무것도 없는 상태에서 난데없이 불쑥 죄를 만들어 냈다고 결론을 내린다. 그러나 K는 일단 기소를 당하면 피고의 죄를 절대적으로 확신하는 이 법원에서 그러한 결정이 번복되는 일은 결코 발생하지 않을 거라고 생각한다.

K가 뒤늦게야 비로소 인식하게 된 법원의 현실은 작품의 초반부터 시간의 상징을 통해 암시된다. 체포된 사실을 알게 된 후 K는 처음엔 자기 나름대로 독자적인 행동으로 사건 자체를 다른 방향으로 이끌어갈 수 있으리라고 생각한다. 전화로 K에게 알려온 첫 번째 소환 통보는 그가 법원에 출두해야 할 날이 다음 일요일이라고만 지정하고 있을 뿐 시간에 대해서는 언급이 없다. 다시 전화로 시간을 문의할 의사가 없는 K는 모든 법원이 평일 오전 9시에 재판을 시작하기 때문에 자신도 지정된 일요일 오전 9시에 가면 그만이라고 생각한다. 그러나 오전 10시가 조금 넘어서 법원에 도착한 K는 법원 측으로부터 1시간 5분 전에 왔어야 했다는 질책을 듣게 된다. K는 법원을 매수하기 쉬운 감시인과 멍청한 감시주임, 소신대로 재판을 진행하지 못하는 예심판사, 그리고 직급이 다른 여러 재판관으로 구성되어 있는 하나의 방대한 조직체로 규정한다. 그들 외에도 이러한 법원 조직 속에는 절대적으로 필요한 많은 수의 정리와 서기, 심지어 사형 집행인들까지 고용되어 있기 때문에 법으로 규정된 정의와 원칙이 지켜질 수 없으

며, 따라서 죄도 없이 체포된 사람에 대한 모든 변호는 무의미하고 소용없는 절차에 지나지 않는다.

종합적으로 볼 때 이 작품에서 법원은 양면적인 모습을 갖는다. 법원은 한편으로는 일반인의 사적인 접근이 허용될 수 없을 만큼 높고 구속력 있는 법의 심급에 대한 요구를 수용하면서도, 다른 한 편으로는 그 본질이 본능적 충동성과 저급한 육체적 감각성에 의해 채워져 있는 현상 양식을 보여주고 있다.

인간 실존의 현주소

인간 존재의 실존적 현주소를 적나라하게 보여주는 작품이 『심판』 말고 또 있을까. 이 작품에서 주인공 요제프 K가 인식하는 것은 자신의 죄가 아니라 다만 그런 상황에서 빠져나오지 못하는 탈출 불가능성이다. 그는 죽음이 속죄와 구원을 보장해주지 못한다는 사실을 몸짓으로 보여준다. 의미로 채워지지 못한 그의 삶의 과정은 결국 무의미한 삶의 종말로 연결된다. 죽음의 공포는 단지 충만되지 못한 삶의 결과일 뿐이라는 카프카의 발언은 요제프 K의 그러한 인식과 일맥상통한다. 그에게 죽음은 육체적인 현상으로, 그것은 의미로 충만되지 못한 채 세상으로부터 멀어진 존재의 종말일 뿐이다. 그러한 K의 종말은 마치 개처럼 비참한 죽음으로 간주된다. 죽음이 그에게는 삶을 위해 필수적이며 의미 있는 보완이 아니기 때문에 그렇게 잘못된 삶과 죽음에 대한 수치감만 남아 있을 뿐이다. 그러니까 "그가 죽은 후에는 수치감만 남은 것 같았다."라는 화자의 주석에서 분명한 것은 죽음은 삶에 대한 구원의 의미로부터 이미 떠나버렸다는 사실이다. 죽음은 다만 소멸해가는 삶의 가치에 대한 어떤 결정일 뿐이다. 그래서 K는 죽어가는 눈으로 사형 집행자들의 결정적 행위를 그저 바라볼 뿐이다. 죽음이란 보통의 경우 죽어가는 자가 자기 뒤에 남겨진 모든 것, 즉 삶의 진실과 거짓에 대해 다시 음미해보는 아르키메데스의 시점 같은 것일지도 모른다. 그러나 K는 이렇게 삶을 적극적으로 완성시키는 힘을 죽음으로부터 유도해내지는 못한다. 사실 K는 사형 집행인의 손에서 칼을 빼앗아 스스로 가슴을 찔러야 하는 것이 자신의 의무임을 잘 알고 있었다. 그러나 그는 죽음의 순간에도 그 어디에서든지 자신에게 손 내밀어줄 구원의 희망을 포기하지 않는다.

삶의 마지막 순간까지 K는 죽음으로부터 벗어나려고 한다. 그뿐 아니라 그는 삶의 완성을 위한 자살을 감행할 수 없는 책임도 다른 사람에게 전가시킨다. "이런 최후의 실수에 대한 책임은 자신에게 그렇게 할 힘을 주지 않은 사람에게 있다."라는 K의 인식은, 일생 동안 특히 일 년에 걸친 소송 기간 동안 그가 보여주었던 자기 정당성을 변호하는 행위와 일치한다. K가 지금까지 자신의 정당성을 입증하기 위해 시도

한 모든 방법은 오류로 밝혀진다. 이것은 그가 자기 정당성을 확보하기 위해 자신의 내면을 들여다보기보다는 외부의 도움, 특히 여자와 변호사들에 전적으로 의존한 결과이다. 그는 이제 자기 자신에 대해 스스로 책임을 떠맡아야만 한다. 그것은 어떤 변호사도 대행해줄 수 없는 것이다. 바로 속죄와 죽음, 그리고 신적인 것의 경험 속에서 비로소 개인은 자신이 다른 어떤 것으로도 교환될 수 없음을 인식하기 때문이다. 인간이 존재의 자기 정당성을 상실한다는 것은 바로 자기 고유의 개성을 상실하고 애매한 대중성(大衆性) 속으로 편입되는 것이나 다름없다. 이러한 속물화 현상은 요제프 K의 삶을 지배하는 특징적 현상이다. 자신에게 개별 인간으로서의 의미를 부여해줄 수 있었던 정의로부터 끊임없이 회피해온 그는 삶의 마지막 순간에도 변화의 몸짓을 보여주지 못한다. 자신의 죄를 인정하고 죽음을 택함으로써 거짓된 삶에 대한 속죄, 그리고 삶과의 화해는 K에게 영원히 성취되지 않는다.

미로를 찾아서
―『성』론

생성사

　『아메리카』『심판』과 더불어 이른바 카프카의 '고독의 3부작' 중 하나인『성』역시 앞의 두 작품과 마찬가지로 미완성으로 남아 있다. 이 작품은 대부분 1922년 2월 말부터 8월 말까지 약 반년에 걸쳐 집중적으로 집필되었다. 1916년 「선고」가 출간된 이후 짧은 산문 작품 몇 편을 제외하고는 5년여의 문학적 공백 기간을 보낸 카프카는 자신의 문학적 에너지를 이 작품에 집중시켜 이 시기에 약 500장 분량의 원고를 탈고했다.

　그러나 결국 이 작품이 미완성으로 남을 수밖에 없었던 상황은 1922년부터 갑자기 악화된 그의 건강과 관계가 있다.

1920년 겨울부터 1921년 8월까지의 요양 생활 후 카프카는 1921년 가을에 프라하의 보험공사에서 다시 근무를 시작하지만, 곧 휴가를 얻어야만 했다. 비록 예전과 같이 직장에서의 과도한 업무로 인한 정신적 압박감은 없었으나 그동안 쌓인 피로 때문에 1922년 1월 그는 극심한 신경쇠약증에 시달렸다. 그는 회사에 휴가 연장을 신청하고, 같은 해 1월 17일 슈핀델뮐레로 3주간 휴양 여행을 떠났다.

여기서 그는 삶의 위기로부터 자신을 구해줄 문학적 대작업을 구상하기 시작했다. 그가 남긴 개인적인 문서들 속에서는 이 작품의 집필 구상과 관련된 어떠한 기록도 찾아볼 수 없다. 다만 어릴 때의 친구 로베르트 클롭슈톡에게 보낸 편지에 "사람들이 신경이라고 부르는 것으로부터 나를 구원하기 위해 얼마 전부터 뭘 좀 쓰기 시작하느라 저녁 7시부터 책상에 앉아 있네."라고 언급한 것이 유일하다.

오랜만에 다시 시작한 작품 집필과 직장 일을 병행해야 하는 부담은 폐결핵으로 이어지고, 그는 결국 1922년 7월 1일 회사를 퇴직해야 했다. 이 작품과 관련하여 막스 브로트도 1922년 3월 15일자 일기에 "그(카프카)가 나에게 새로운 작품 『성』의 시작 부분을 읽어 주었다."고 기록하고 있다. 카프카는 이 작품의 집필 기간과 겹치는 1922년 6월 말부터 9월까지 누이동생 오틸리에의 별장에서 보냈는데, 이 시기에

140여 장의 원고를 완성했다. 9월 초에 카프카는 잠시 프라하로 돌아가야만 했으며, 이 여행으로 인한 작업 중단은 결국 이 작품이 미완성으로 처리되는 상황과 연결되었다. 오틀리에의 별장으로 돌아온 카프카는 막스 브로트에게 보내는 9월 9일자 편지에 이렇게 쓰고 있다.

> 이곳에 다시 온 지 약 한 주가 되었네. 그런데 이 기간 동안 내 마음은 도무지 즐겁지가 않아. 성에 대한 이야기는 이대로 영원히 접어둘 수밖에 없기 때문이라네. 프라하로 떠나기 일주일 전부터 시작된 신경쇠약 증세로 그 이야기는 손도 못 대고 있네.

이러한 카프카의 신경쇠약 증상은 불면증과 불면증 자체에 대한 불안, 그리고 이런 불안에 대한 공포심 등이었다. 그 후 카프카는 이 작품을 계속 집필할 수 없었고, 그 결과 작품의 마지막 5개 장에는 제목도 붙이지 못했다.

『성』은 전체적으로 볼 때 내용상 서로 연관된 소설 조각들로 구성되어 있다고 할 수 있다. 작품 전체의 줄거리 흐름이 자연스럽게 연결되지 않는 『심판』과는 달리, 이 작품은 이야기 전개에서 시공간적으로 무리가 없다. 이는 카프카가 작품을 중단 없이 연속적으로 집필하면서 부분적으로 그때그때 문맥과 어휘에 대한 수정과 교정을 반복한 결과로 볼 수 있다. 막스 브로트는 미완성으로 끝난 이 작품의 나머지 부분과 관련하여 카프카로부터 들은 말을 훗날 이 작품을 출판했을 당시 작품 후기에 다음과 같이 싣고 있다.

> 토지측량기사라고 하는 남자는 적어도 부분적으로는 보상을 받는다. 그는 성으로 들어가기 위한 투쟁을 멈추지는 않았지만 결국 기력이 다해 죽고 만다. 마을 사람들이 지켜보는 가운데 그가 죽은 후, 합법적으로 마을에서 살게 해달라는 그의 청구를 승인할 수 없지만 임시로 마을에서 거주하면서 일하는 것은 허락한다는 내용의 통지가 성으로부터 도착한다.

『성』은 『심판』 속에 삽입되어 있는 이야기인 '법 앞에서'에 대한 카프카 자신의 문학적 해설서로 볼 수 있다. 『성』의 주인공 K의 형상 속에는, 시골에서 올라와 평생 동안 법의 내면으로 들어가는 문 앞에서 입장 허가를 헛되이 기다리다가 죽고 마는 '법 앞에서'의 시골 남자의 모습이 투영되어 있다. 카프카는 자신의 삶에서 겪은 많은 경험과 제반 갈등을 이 작품 속에 쏟아 부었다. 그래서 프리다와 K와의 관계 설정에는 프라하에서 언론인이자 번역가로 활동했던 밀레나 예젠스카와 카프카 사이의 사랑과 우정의 경험들이 농축되어 있다. 카프카는 밀레나를 1919년 10월에 알게 된 이래로 여러 번의 만남과 더불어 그녀와 긴밀한 편지 왕래를 시작했다. 밀레나는 카프카와 만나기 전인 1918년에 이미 은행원인 에른스트 폴락과 결혼하고 빈으로 이주한 바 있었다. 밀레나를 가운데 두고 벌어지는 카프카와 폴락과의 경쟁 관계는 작중 인물 클람과의 관계 속으로 전입되었다. 그러나 현실과는 달리 작품에서는 그들의 관계가 반대로 나타나 K에 대한 프리다의 중요성은 클람의 그것보다 결코 크지 않다. K가 프리다에게 관심을 갖게 된 것은 그녀가 성으로 가는 길에서 장애물이자 가장 중요한 중개인인 클람과 애인 사이라는 사실 때문이다. Klamm이란 이름 속에는 여러 가지 의미가 담겨 있는데, 독일어 명사 형태로는 '좁은 골짜기'나 '심연'을 의미하고, 형용사 형태로는 '냉혹한'이나 '얼어붙은'의 뜻이 있다. 또한 카프카에게 친숙한 체코어로는 klam이 '환상'을 뜻하기도 한다.

카프카는 1921년 밀레나에게 자신의 일기와 작품 『아메리카』의 원고를 맡겼다. 그 후 1923년 6월에 그들이 마지막으로 만났을 때도 카프카는 작품 『성』의 내용이 담긴 노트 6권을 그녀에게 넘겨주었다. 카프카가 죽은 후, 밀레나는 그녀 스스로 카프카 문학 세계를 관통하는 핵심적 소설이라고 여겼던 『성』의 원고를 막스 브로트에게 넘겨주었다. 한편 1919년 가을 카프카가 결혼도 결심했던, 프라하의 가난한 수

공업자 딸인 율리 보리체크와의 관계도 작중 인물 바르나바스와 그의 동생들인 올가와 아말리아의 행동 양식 속에 각인되어 있다. 카프카의 아버지뿐만 아니라 작품에서 프리다의 역할에 해당하는 밀레나까지도 바르나바스와 같이 사회적으로 인정받지 못한 가족과 관계를 맺는 것을 반대하는 입장이었다.

『성』의 주인공 K는 작품 1장에서 이미 자신을 토지측량기사라고 주장한다. 그러나 그러한 K의 발언에 대한 사실 여부는 작품의 마지막까지 밝혀지지 않는다. K는 자신이 직접 조수들이 나중에 가지고 왔어야 하는 측량 도구들과 자기 방에 있는 서류에 대해 언급하고 있지만, 문맥상 그것은 K의 신분을 증명해주는 확고한 물적 증거라기보다는 다만 그렇게 보이기 위한 소품에 지나지 않는다는 것이 일반적인 독자의 느낌일 것이다. 측량기사란 직업은 우선 독자에게는 실제로 토지를 측량하는 행위와 연관된다. 그렇지만 성에 도달하려는 K의 확고한 의지를 고려해볼 때, 이 직업은 성의 입장을 거부하는 성 당국과의 투쟁을 통해 서로의 우열을 재보는 과감한 행위를 연상시키기도 한다.

카프카는 1912년 7월 자연치료 요양소인 융보른에서 슐레지엔 출신의 토지측량사인 히처라는 신앙심 깊은 기독교인을 만난 적이 있는데, 아마 이런 실제 경험이 이 작품의 주인공 K의 직업 선택에 영향을 주었는지도 모른다. 히처와 만난 지 3개월 후 당시 불면증에 시달리면서도 작품「변신」의 집필에 몰두하고 있었던 카프카는 펠리체에게, 그녀에게 편지를 쓰기 전에 자신을 구원해줄 수 있는 유일한 남자가 있는 슐레지엔으로 편지를 보낼 결심을 했다고 고백하면서 그해 여름에 알게 된 그 남자가 카프카 자신을 기독교로 개종시키려고 무척 노력했었다는 사실도 밝히고 있다. 훗날 여러 기록을 참고한 결과 카프카는 이 편지를 쓰지 않았던 것으로 추측되며, 또한 이 측량기사에 대한 존경의 마음을 가지고 있으면서도 자신에 대한 그의 개종 시도는 회의적으로 보는 것같이 보인다. 카프카의 마음속에 각인되어 있는 이러한 슐레지엔의 경건한 측량사의 모습은 10년 후 성 안으로 들어가기 위해 모든 시도를 감행하는 작중 인물 K의 모습으로 재탄생하게 된 것이다.

현실에서 실제로 존재하는 성이나 그와 유사한 모습의 건물들에 대한 카프카의 경험은 그에게 작품『성』에 대한 영감을 불러일으켰다. 작품 속의 성에 대한 윤곽을 카프카에게 제공할 수 있었던 현실 속의 성들로는 우선 그가 일생을 두고 항상 눈앞에 간직하고 있었던 프라하의 성, 유년 시절 물건 배달을 위해 자주 다녔던 프리트란트에 있는 발렌슈타인 성, 친척이 살고 있던 스라코비츠에 있는 폐허가 된 성 스트렐라,

아버지가 태어난 마을 보섹에 있는 성, 카프카가 일했던 노동자재해보험공사의 궁전 같은 건물, 1920년 12월부터 이듬해 8월까지 9개월여 동안 체류했던 마틀리아리의 요양소, 그리고 휴양지인 슈핀델뮐레 등을 들 수 있다. 특히 이 작품을 집필하기로 결심했던 슈핀델뮐레 마을에는 교회·여관·관리사무소·기상 관측소 등이 있고, 눈 덮인 해발 1600미터의 산 밑에 위치하고 있어 작품 속에서 K가 처음 도착한 성 밑 마을을 연상하게 한다. 그러나 작품 속의 성은 카프카가 경험했던 것들과는 달리 주인공 K의 시각에 따라 그 모습이 계속 변해간다. K가 다가가면 갈수록 점점 더 멀어지는 베스트베스트 백작의 성은 결국 신기루처럼 그에겐 영원히 도달할 수 없는 대상이 되고 만다.

현실과 환상이라는 작품의 성 속에 내재된 양면성은 이미 많은 연구가에 의해 '서양의 서양(der Westen des Westens)'으로 재해석된 '베스트베스트(Westwest)'란 이름 속에서 암시되고 있다. 여러 비평가는 이 이름이 해가 진 뒤에 찾아오는 완전한 종말과 같은 죽음의 영역 또는 죽음의 피안, 그리고 성의 세계의 몰락과 붕괴를 암시하면서도, 동시에 어법상 이중의 부정을 통해 강한 긍정의 의미로서 죽음의 극복이란 인상도 배제할 수 없다고 주장한다. 그러니까 '베스트베스트'란 이름에서 추정할 수 있는 '몰락의 몰락'이란 개념은 하나의 시작을 의미할 수 있으며, 이런 점에서 카프카가 이 성을 영원한 삶이 가능한 이상적인 절대 공간으로 설정했을 수도 있다는 것이다.

작품에 등장하는 성의 모습 속에 내재된 상징적 의미의 스펙트럼은 넓고 다양해서 독자의 인식 범주에 따라 그 색깔이 달라진다. 예컨대 신학적인 측면에서 성은 그 본질상 신의 은총이나 신의 섭리 그 자체로 해석될 수 있고, 철학적으로는 인간의 형이상학적인 착각이나 미망으로, 심리학적으로 아들이 정복의 대상으로 삼았던 문제적인 아버지의 세계로, 그리고 사회학적으로는 근대에 와서 성립된 국가 조직 특히 카프카 당대뿐만 아니라 그에 의해 예견된 파시즘이나 공산주의 및 민주주의적 관료 체계 속에 감추어져 있는 제반 모순적인 현상을 대표하는 익명의 힘과 자의성(恣意性)에 대한 신랄한 풍자로 해석될 수 있다.

전기적 관련성

『심판』의 요제프 K의 경우처럼 이 작품의 주인공 이름인 K를 카프카 자신에 대한 암호로 간주하고, 또 성 당국에 대한 주인공의 투쟁을 삶에 대한 카프카의 그것과 동일시하는 전기적 해석은 작가의 실제 삶에 대한 기록을 고려해볼 때 부분적으로 문제가 있다는 사실을 인정하게 된다. 카프카는 이 작품을 집필했을 당시에 근무하던 노동자재해보험공사에서 점차 승진하여 서기장의 위치에까지 올랐다. 카프카는 업무 능력을 인정받아 사무국장인 클람과 비슷한 지위에 있는 그의 부서장 발렌타와도 긴밀한 관계를 유지했다. 카프카는 직장 생활에서 K처럼 어느 한쪽으로 기울지 않았다. 오히려 그는 작품 속의 비서 인물들인 모무스·소르디니·소르티니·에어랑어·뷔르겔처럼 사회 지도층의 대열에 합류해 있었다. 그는 예전처럼 직장의 업무 때문에 글쓰기를 방해받는 상황에서도 어느 정도 벗어나 있었다.

카프카는 직장 상사로부터 믿음직하고 업무 능력이 탁월한 직원으로 평가받은 덕에 그가 건강상의 이유로 제출한 휴가 신청은 한 번도 거절된 적이 없었다. 직장에서의 호의적인 대우는 카프카로 하여금 현실과 타협하는 시각을 갖게 하는 데 일정한 몫을 했다. 1920년 7월 보험공사에는 적당한 핑계를 대고 휴가를 얻어 빈으로 오라는 밀레나의 요청이 있었지만, 카프카는 관청이란 대충 넘어갈 수 있는 그런 엉성한 조직이 아니고 그곳의 일은 자신의 지금까지의 삶 자체라고 직장을 옹호하면서 거절해버렸다. 카프카에게 삶의 일부가 된 관청의 일이 작품에 등장하는 성의 세계를 구성하는 본질이 되고 있음은 쉽게 이해할 수 있다.

카프카가 엉성하기보다는 환상적이라고 표현했던 노동자

재해보험공사에는 1914년에 이미 약 20만 개의 크고 작은 산업체에 근무하는 수백 만 명의 노동자가 가입되어 있어서, 그 정체가 불투명한 관리 조직의 최고위층과 카프카가 주로 상대하는 개별 인간 사이에는 엄청난 간격이 존재하고 있었다. 업무상 양쪽 상황에 대해 잘 알고 있었던 카프카에게는 작품 인물들 가운데서 K뿐만 아니라 뷔르겔 같은 선한 인간형도 친숙하게 느껴지는 것이다. 특히 뷔르겔은 불면증에 시달리는 카프카처럼 일단 잠을 깨면 다시 잠들기 어려운 개인적인 불행을 가지고 있는 인물로 묘사된다.

K와 뷔르겔이 만나는 장면에서 K의 문제를 해결해주고 그에게 올바른 길을 제시하려는 뷔르겔이 자신의 직무 수행과 관련하여 언급한 내용을 전기적으로 보면, 카프카의 마음속에 숨어 있는 어떤 열망을 대변하는 것이기도 하다. 뷔르겔처럼 카프카 역시 보험공사의 관료로서 어떤 특별한 상황에는 회사 규정을 어겨가며 피보험자의 요구를 모두 수용해줄 생각을 마음속에 갖고 있었을 것이다. 실제로 카프카는 이 작품을 집필하기 10년 전쯤 자신의 사무실에서 비슷한 경험을 한 적이 있다. 1912년 12월 10일 카프카는 펠리체 바우어로부터 받은 가장 최근의 편지에 대해 감사하는 마음을 담은 글을 그녀에게 쓰면서 다음의 특정 부분을 괄호로 표시하고 있다.

> (내가 이 편지를 읽고 있는데 가구 기술자 한 사람이 자신의 공장에 대한 보험 건으로 나를 찾아왔어요. 나는 그가 원하는 모든 것을 최대한 빨리 승인해주었어요. 나는 앞으로 그 일에 대해 인간이나 신 앞에서 결코 책임지는 일은 없을 겁니다.)

자신의 행동에 대해 거의 교만에 가까울 정도로 만족하고 있는 이 장면은 그러나 작품에서는 결과적으로 희극적인 방식으로 비극적인 결과를 유도하게 되는 반대 양상으로 나타난다. 위에서 언급한 장면에서 뷔르겔은 K를 위한 자신의 진실한 충고와 제안에 대한 그의 승인을 유도해내려고 노력한다. 그러나 결정적인 순간에 K는 그의 말을 무시하거나 회피하듯이 잠들어버린다. 이렇게 카프카의 실제 삶에서 유희적으로 한 번 감행된 그의 행위는 작품 속에서는 영원히 비극적인 늪 속에 잠겨 있을 뿐이다. 성에로의 도달 불가능성은 이러한 문학적 방식으로 독자에게 예시되기도 한다.

기다림의 미학

작품에서 가시적으로 묘사되지는 않지만 독자의 상상 속에서 인식될 수 있는 성으로 들어가는 문은 『심판』에 삽입된 이야기 '법 앞에서'처럼 중요한 역할을 한다. 이 작품에서는 그 뒤에 일종의 진실이나 절대권력, 그리고 영원한 인식 등의 개념이 전제되어 있는 성문 안으로의 입장 허가뿐만 아니라 문 앞에서의 기다림 자체가 이야기 구성의 본질적인 요소가 된다. 카프카의 글쓰기는 20세기 초 언어의 위기라는 정신사적 현상과 일치한다. 현대성의 커다란 특징 중 하나가 되어버린 언어의 위기는 현실에서 유일하게 진실을 담아낼 수 있다는 언어의 능력에 대한 믿음이 포기된 상황으로부터 출발한다. 언어란 소유와 그 소유 관계만을 다루고 있기 때문에 인간이 인지할 수 있는 감각적인 세계 밖에 있는 모든 것에 대해서는 암시적으로만 사용될 수 있다는 카프카의 생각은 그가 이미 진실 표현을 위한 언어의 기능을 부정하고 있다는 것을 입증하고 있다.

이 작품에서는 K나 마을 사람들의 행동 방식을 통해 언어의 회의에 대한 흔적은 찾아볼 수 없다. 카프카는 등장인물들을 통해 언어에 대한 회의가 아니라 오히려 언어에 대한 무모한 집착을 보여줌으로써 언어의 부정성에 대한 자신의 인식을 독자에게 확고하게 전달하고 있다. K를 비롯한 모든 마을 사람은 성에 있는 권력자의 모든 발언이나 편지의 중요성 또는 내용상의 진실 여부에 대해서는 전혀 의심하지 않는다. 마치 그 속에서 진실을 확인이나 하려는 듯이 서류들을 정리하고 검토하는 작업을 끊임없이 반복하는 성의 관리들의 모습은 그들이 언어 그 자체에 얼마나 집착하고 있는가를 보여준다. 클람의 편지에 대한 K의 해석은 그가 성에서 온 메시지에 부여하는 진지함과 신뢰의 크기를 보여준다. 그는 단순하고 진부한 편지 내용에서 심지어 투쟁 선언의 의미도 읽어내고 있는 것이다.

『심판』의 9장은 오는 사람을 막지 않고 가는 사람을 쫓지 않는 신부 자신처럼 재판소도 요제프 K에게 요구하는 것은 아무것도 없다고 충고하는 신부의 예시적 발언으로 끝난다. 이와 같이 사실성도 K에 대해서는 무관하게 존재하는 것이지만, 이러한 사실을 의식적이든 무의식적이든 인식하지 못하는 K는 자신이 성에 대해서 품고 있는 의도처럼 편지에는 나쁜 의도가 숨겨져 있으며, 그것은 불안한 양심만 깨달을 수 있다고 판단한다. 편지 내용에 대해 실제 이상으로 과도한 의미를 부여한 후 K는 불과 몇 시간 전만 해도 자기 방의 벽에 걸려 있던 성자의 그림을 떼어내고 그림이 걸렸던 못에 편지를 꽂아놓는다. 이렇게 성에 대한 무조건적인 믿음을 견지하는 K는 클람의 또 다른 편지를 초조하게 기다린다. K는 이 편지가 성에 대한 자신의 자의적인 인상을 보충해주고, 성에 도달하려는 자신의 노력에 확고한 의미를 부여해줄 것으로 판단한다.

또한 마을 면장은 편지 서두의 형식을 이유로 클람의 편지를 관청 문서가 아닌, 단순히 사적인 편지라고 해석하면서 측량사 임명이 잘못되었음을 입증하는 서류를 찾지만 실패한다. 중풍 발작 때문에 침대에서 일어나지 못하는 면장의 외형적인 모습과 편지에 대한 해석은 그의 권력에의 의존성과 언어로부터의 비독립성을 상징하기도 한다. 물론 편지 내용과 관련하여 한편으로는 K와 마을 면장의 해석상의 무능력을 드러내는 그들의 발언에 내재된 모순들이 인정될 수도 있다. 그러나 작중 인물들의 발언을 통해 야기되는 논리적인 모순들은 독자를 가능한 한 텍스트의 의미로부터 차단시키려는 카프카의 글쓰기 전략은 아니다. 오히려 제각기 진실하다고 주장하는 작중 인물들의 언어유희에서 권력과 타인에 대한 지배력을 추구하는 그들의 숨겨진 의도가 역설적으로 빛을 보게 되는 것이다.

작품 23장에서 K는 다시 한 번 침대 속의 인물 뷔르겔과 만나게 된다. 뷔르겔은 K에게 일생을 바치는 고생스런 노력보다는 한마디 말이나 눈빛으로 신뢰의 마음을 표현하는 것으로 더 많은 것을 이룩할 수 있는 기회에 대해 이야기해준다. 뷔르겔의 이야기 속에는 자신이 K로 하여금 성에 다가갈 수 있도록 도와줄 수 있다는 암시가 들어 있다. 그래서 일반적으로 K와 뷔르겔의 대화 장면은 성으로 가는 길, 즉 진실로 다가갈 수 있는 기회를 포착하지 못하는 K의 인식의 무능력과 연관되어 해석된다. 뷔르겔은 K에게 밤에 이루어지는 심문에 대한 진실을 진지한 목소리로 들려준다. 그러나 K에 대한 뷔르겔의 조언은 마을 면장과 마찬가지로 침대 위에서 팔을 뻗고 하품하는 동작과 서로 모순을 이루면서, 진실에 대한 그의 발언은 의문의 여지를 남긴다. 사실 카프카 스스로는 타인에게 진실을 통해서 뭔가를 깨우쳐주려는 행위 자체를 뻔뻔스럽고 염치없는 짓으로 간주하고 있다.

> 누군가 나에게 진실을 말해주겠다고 한다면 나는 그것을 교만한 생각이라고 여깁니다. 진실을 말한다고 하면서 그는 나를 훈계하고 깎아내리며, 나로 하여금 그에 대한 반증을 찾는 수고를 짊어지게 합니다. 자신이 말하는 진실을 난공불락의 요새처럼 여기면서 자기 자신을 위험에 빠트리지 않은 채로 말입니다.

K를 도울 수 있다는 뷔르겔의 권리 요구가 염치없는 짓이란 점은 두 사람이 만나는 장면에서 확인된다. 뷔르겔의 방에 있는 가구라고는 방을 반 이상 차지하는 큰 침대와 그 옆에 있는 탁자가 전부이다. 뷔르겔은 방 안의 침대 위에서 이불을 뒤집어쓴 채 불안스러운 얼굴로 K를 맞이한다. 그는 상시적 피로와 과로에 지쳐 침대 속에서 하루의 대부분을 보낸다. 그의 방에 온 진정인들은 앉을 자리도 없는 방 사정 때문에 선 채로 진정 사항을 이야기한다. 뷔르겔에 대한 이러한 묘사는

그의 태만과 무력함을 겨냥하고 있다. 뷔르겔이 말하고 있는 동안 K에게는 성의 관리들의 속성이기도 한 엄청난 피로감이 몰려온다. 이러한 피로감의 정도는 거의 독백에 가까운 뷔르겔의 이야기가 본격적으로 전개되면 될수록 점점 더 심해진다. 이러한 피로에 수반되는 잠의 욕구는 일종의 기다림과 마찬가지로, 자신의 상황 타개에 결정적인 진실 내용도 하나의 가설에 불과할 뿐이라는 비극적이며 고통스러운 인식을 회피하려는 K의 무의식적 전략일지도 모른다.

이 작품에서 성 측에서 자신에게 보내온 편지 내용을 올바르게 해석하는 유일한 인물은 아말리아이다. 성의 관리 소르티니로부터 받은 치욕적인 편지 내용에 대한 그녀의 반응은 가장 이성적이다. 아말리아는 편지를 찢어버린다. 아말리아의 언니 올가도 그 편지의 내용을 잘못 해석한다. 올가는 그 편지를 쓴 사람은 내용에 대해 심각하게 숙고해보지 않은 채 그저 순간적으로 머릿속에 떠오르는 생각을 대충 적어 보냈을 거라고 판단한다. 그녀는 자기들처럼 하찮은 사람들은 성에 속한 높은 사람들의 생각을 짐작도 할 수 없다며 편지 내용을 호도한다.

심지어 올가는 아말리아가 소르티니를 사랑하고 있었는지도 모르고, 그를 사랑하지 않았다고 장담할 사람은 없을 거라는 주장을 펴기도 한다. 소르티니에 대한 이러한 변호를 통해 올가는 실제로 아말리아의 반응을 진심으로 이해하지 못하며, 더 나아가 아말리아의 행위를 잘못이라고 판단하는 인물로 묘사된다. 바르나바스 가족이 모두 지칠 줄 모르고 끊임없이 소르티니의 편지에 대해 이야기하는 동안 아말리아는 침묵 속에 잠긴다. 이러한 아말리아의 침묵은 모든 단어나 언어의 문제성과 피상성에 대한 의식의 표현이다. 아말리아를 제외한 작품 인물들의 발언은 모두 절대 권력인 성의 심급 속에 도사린 허구의 세계를 고착화하는 데 기여하기 때문에, 그녀의 침묵은 이러한 심급의 메커니즘으로부터 벗어나는 유일한 방법이 된다.

이 작품의 중요한 모티프 중 하나인 기다림은 사실 내재적인 의미에서 볼 때 불확실성과 불안과 공허함을 속성으로 하는 현대의 시대적 특성이 되기도 한다. 카프카의 인물들에서 흔히 볼 수 있는 기다림은 무의미한 결과로 이어지는 것이 대부분이다. 이 작품에서 K는 성에 도달하기 위해 나름대로 노력하지만 결국 실패한다. K의 실패는 현대인의 체념처럼 그가 기다림을 회피의 전략으로 사용했다는 점에서 예견된 것이기도 하다. 기다림 속에서 그는 종국에는 해낼 수 없다는 자신의 무능력을 고백하지 않아도 된다. 그러니까 기다림은 구원의 길 앞에서 갑자기 몰려오는 깊은 잠처럼, 구원이나 진실을 향한 모든 노력이 의미가 없다는 비극적인 인식을 스스로 피해가려는 K의 최후의 시도가 아닐까.

성 당국

카프카의 작품에서 집단의 권위는 개별 인간의 실존을 위협하는 것으로서 보통 부정적인 것으로 묘사된다. 『성』에 나오는 국가나 최고 법정, 그리고 성은 모두 주인공들이 그 앞에서 최후의 파멸은 아니라 할지라도 지속적인 좌절감을 맛보게 되는 미로와 같은 구조를 특징으로 한다. 인간 삶의 현실적 상부 구조를 형성하는 그런 집단은 엄격한 계급 질서와 가부장적 봉건성을 지향한다. 당국의 중심부로 향하는 길은 하나의 미로와 같다. 그 길은 무수히 많은 중간 매개인, 즉 중간 관리들에 의해 차단되어 있기 때문에 K가 당국의 중심부에 도달한다는 것은 불가능하다. K를 부당하게 억압하는 국가·법정·성 등 집합적 개념으로서의 당국은 부패와 비능률, 그리고 배타적 관료주의를 속성으로 한다. K는 결코 당국의 중심부인 성과 접촉한 일이 없기 때문에 성에 대한 그의 견해는 간접적으로 표현될 뿐이다. 따라서 성이 실제로 존재한다는 것을 암시하는 것만으로 만족하는 카프카의 묘사 속에서 성과 관련된 모든 것은 궁극적으로 모호한 상태로 남게 된다. 성에서 취하는 행위에 대한 근본적인 원인이나 이유가 밝혀지지 않기 때문에 K는 성의 기능이나 영향력에 대한 최종 판단을 내릴 수 없는 것이다.

카프카의 세계에서 당국의 행위는 그 누구에 의해서도 결코 평가될 수 없다. 이러한 권위의 절대적 속성은 성의 행정 사무에 대한 마을 면장의 발언에서 분명하게 드러나고 있다.

> 대체로 과오가 있을지도 모를 가능성 같은 것은 전혀 계산에 넣지 않는 것이 당국의 원칙이지요. 전체 조직이 잘되어 있으면 이 원칙은 정당한 것으로 통하지요. (중략) 당신의 경우처럼 만일 한 번 실수가 생기면 그것이 실수라고 궁극적으로 말할 수 있는 사람이 누가 있겠습니까.

이처럼 성이 상징하는 당국의 권위는 그것의 근본적인 성격과 기능에 대한 이해가 인간 이성의 범위를 넘어서는 것이기 때문에 결코 법에 의해 평가되거나 비판될 수 없다. 마찬가지로 『성』에서 권위의 중심에 있는 실체는 익명으로 남아 있다. 당국의 권위와 그것으로 연결되는 미로와 같은 길이란 개념은 죄와 벌의 문제와 밀접한 관계가 있다. 당국의 중심에 있는 권력자들이 K에게 어떤 불법적인 행위를 가하지 않았더라도 그는 아말리아에 대한 소르티니의 비행(非行)이 마치 자신에게 가해진 것처럼 느낀다. 사실 그는 마을 전체에서 소르티니의 행위를 범죄로 간주하는 유일한 사람이다. "나는 소르티니가 권력을 그처럼 남용할 수 있다는 가능성 때문에 그를 두려워합니다."라고 말하는 K를 통해 아말리아에 대한 소르티니의 범죄적 행위는 개념적으로 묘사된다. 그러나 아말리아의 행위를 성에 있는 마을의 특별한 세계 속에서의 행동 규범에 비교해볼 때, 비정상적인 것은 소르티니가 아니라 그녀의 행위임을 알 수 있다. 또한 아말리아가 할 수 있는 그 어떤 행위도 성에 대한 압력 수단이 될 수 없기 때문에 소르티니의 모독적인 편지 내용에 대한 그녀의 격렬한 반응은 당국의 권위에 대항하는 행위로 볼 수 없다. 이런 의미에서 성은 온전히 유지되기에 쌍방 간에 어떤 형태의 범죄도 발생한 것이라고 볼 수 없는 것이다.

『성』에서는 마을 사람들이 성을 비난하거나 성의 권위에 대항하는 것이 불가능하다고 하더라도 성 역시 K나 마을 사람들을 벌하지 않는다. 뷔르겔은 K에게 초자연적인 수단으로 당국의 권위를 무너뜨릴 기회를 제공한다. 작품에서는 비록 분명하게 정의되지 않은 상태로 남아 있긴 하지만, 그것은 성의 일상 세계에서 작용하는 것과는 완전히 다른 질서의 힘이 개입된다. 뷔르겔은 주인공과 당국과의 관계에서 가능한 한 개혁을 요구한다. 뷔르겔은 K에게 하나의 해결책을 제공하거나, 아니면 적어도 해결책이 있다는 사실을 보증해 보이려고 노력한다. 그러나 상대방이 탄원을 한 번 입으로 말하기만 하면 그 탄원이 거의 관청 조직을 파괴해버리는 일이 있다 하더라도 그것을 들어주지 않을 수 없다고 말하는 뷔르겔 앞에서, K는 자신에게 유리하게 진행되는 모든 일에는 아랑곳하지 않고 잠들어버린다. K는 자신의 정당한 탄원서를 당국에 제출하는 기회를 스스로 포기한다. 완전한 무력감과 절망의 순간에 K는 구원의 노력 대신 절대적인 힘이 자신에게 내려 성의 모든 체제를 붕괴시킬지도 모른다는 생각을 한다. 따라서 자신의 절망적인 처지를 스스로의 힘으로 개선하려는 시도를 포기해버리는 것이다.

처음에 K는 계급 조직으로 짜여 있는, 미로와 같은 구조를 갖는 당국의 권위에 도전해보려고 시도한다. 통행 허가를 얻으려는 문제로 시작한 주인공의 투쟁은 시간이 흐르면서 자신의 행위에 대한 정당성을 인정받으려는 편집광적인 태도로 발전한다. K에게 성은 실존의 유일한 토대로 작용하기 때문에, 그는 미로와 같은 행정 조직을 뚫고 들어가 당국의 최상부와 접촉하기 위해 안전하고 안락한 시민적 삶을 기꺼이 희생할 각오를 한다. 그러나 권위의 중심부에 도달하려는 그의 모든 노력은 좌절된다.

성에 소속된 클람과의 접촉을 위한 K의 무의미한 시도는 개별 인간은 성에 결코 도달할 수 없다는 불가능성을 노출시킨다. 그러니까 K의 좌절은 성이라는 특수한 세계의 미로와 같은 구조에서 비롯되는 운명적인 결과로 간주될 수 있다. 성은 선과 악을 판별하는 이성적인 이해의 범위를 벗어나 있기 때문에 K는 당국에 어떠한 영향력을 행사할 수도, 반대로 그로부터 영향을 받을 수도 없는 것이다.

2 리라이팅

Die Verwandlung 변신
De 심판 *Prozess*
Das Schloss 성

카프카는 「변신」으로 동물 모티프라는 오래된 문학적 전통의 한 부분을 계승하고 있다. 동시에 그는 그러한 비현실적이며 환상적인 모티프를 가족 중심의 사실적인 이야기 속에 도입함으로써 모티프의 문학적 사용에서 독자적이며 현대적인 영역을 개척하고 있다.

『심판』의 의미가 갖는 역동성은, 인간이 죄에 대한 인식을 통해 자아를 찾는 독립적인 행위로 나아가는 데 있다.

『성』은 『심판』 속에 삽입되어 있는 이야기인 '법 앞에서'에 대한 카프카 자신의 문학적 해설서로 볼 수 있다.

『성』의 주인공 K의 형상 속에는, 시골에서 올라와 평생 동안 법의 내면으로 들어가는 문 앞에서 입장 허가를 헛되이 기다리다가 죽고 마는 '법 앞에서'의 시골 남자의 모습이 고스란히 투영되어 있다.

변신

변신

 어느 날 아침, 잠에서 깨어난 그레고르 잠자는 한 마리의 커다란 벌레로 변한 채 침대 위에 누워 있는 자신을 발견하게 된다. 처음에 그는 그러한 현실을 자신이 잠에서 일찍 깬 탓으로 생긴 바보 같은 착각으로 간주하며 좀 더 잠을 청하기로 한다. 그때 어머니가 그레고르의 방문을 두드리며 출근길을 재촉한다. 시간이 지나면서 아버지와 누이동생, 그리고 하녀도 그레고르가 여전히 자기 방 안에서 꾸물대고 있다는 사실을 알게 된다. 그러는 사이에 그레고르가 회사에 출근하지 않은 데 대한 책임을 추궁하려고 회사 지배인이 집에 도착한다. 지배인은 회사에서 그레고르에게 맡긴 회수금 및 판매 실적

부진을 이유로 해고의 가능성을 암시하며 은근히 위협한다. 또한 지배인은 그레고르의 목소리가 더 이상 인간의 소리가 아닌 것을 확인하고 소리치자, 어머니는 그레고르가 중병에 걸린 것이라고 울먹이며 아들의 상황을 변호한다. 그러나 지배인은 그건 분명 짐승의 소리였다고 나지막한 목소리로 재차 확인해준다.

그레고르는 다시 가족의 품속으로 돌아가고 싶어 마침내 방문을 열기 시작한다. 문이 열리고 방 안을 들여다본 첫 번째 사람은 지배인이다. 그는 눈앞의 광경에 입을 다물지 못하고 어떤 힘에 떠밀리다시피 뒷걸음질만 친다. 그 다음으로 벌레로 변한 그레고르의 모습을 본 가족의 마음은 두려움과 절망으로 가득하다. 그레고르의 모습에 놀란 지배인은 재빨리 몸을 돌려 현관문을 빠져나오려고 시도한다. 이런 상태로 지배인을 돌려보낸다면 회사에서 자신의 위치가 매우 위험하게 되리라는 생각에 그레고르는 지배인을 붙잡으려고 몸을 앞으로 밀고 나간다. 이 광경을 본 아버지는 지배인이 내버려두고 간 지팡이와 신문을 휘두르며 그레고르를 다시 그의 방 안으로 몰아넣는다.

수난의 길

저녁 무렵에야 비로소 실신 상태와 같은 잠에서 깨어난 그레고르는 누군가 자신에게 가져다준 것으로 보이는, 빵 조각이 떠 있는 우유가 담긴 그릇을 발견한다. 배가 고파 우유 그릇 속에 머리를 처박아보지만 그레고르는 자신이 가장 좋아했던 이런 종류의 음식이 지금은 전혀 맛이 없다는 사실에 놀란다. 그레고르의 식욕을 자극한 것은 신선한 것이 아니라 부패한 음식이었다. 그레고르는 자신에 대한 가족의 반응과 가족과 관련된 새로운 정보를 알아내려고 방문에 기대어 방 밖에 있는 가족의 대화를 엿들으려고 애쓴다. 가족의 대화를 통해 그레고르는 현재 집안의 재정 상태에 대해 비교적 자세하게 알게 된다. 아버지의 근검절약으로 약간의 여윳돈이 가족의 손에 남아 있다는 사실이 그나마 그레고르에게는 위안이고 기쁨이다. 집안의 경제적 어려움과 관련하여 그레고르를 가장 슬프게 한 것은 누이동생의 음악학교 진학 포기이다. 변신한 지 한 달이 지나자 먹는 것에도 관심을 잃은 그레고르는 방 안의 벽이나 천장을 이리저리 기어 다니는 데 흥미를 느끼기 시작한다. 그레고르가 기어 다니면서 남겨놓은 점액 자국을 보고 공간이 넓으면 그에게 좀 더 좋을 거라는 생각에 누이동생은 어머니와 함께 그레고르의 방에서 가구들을 치워버리기로 결심한다. 그리고 어느 날 모녀는 그레고르의 방 가구들을 치우기 시작한다. 두 사람이 방 밖으로 나가자 그레고르는 소파 밑에서 나와 벽에 걸려 있는 액자 위로 기어 올라

간다. 모피로 몸을 감싸고 있는 어떤 여자의 그림이 든 액자의 유리에 배를 찰싹 붙인 그레고르는 시원한 감촉 때문에 기분이 한결 좋아진다. 여자의 그림 위에 있는 그레고르의 모습을 발견한 어머니는 소파 위에 쓰러져 실신한다. 누이동생은 약을 가지러 방에서 뛰쳐나가고, 그녀를 따라 거실로 들어간 그레고르는 벽과 천장을 이리저리 기어 다니다가 죄의식과 절망감에 사로잡힌 채 천장에서 책상 위로 떨어진다. 그때 초인종이 울리고 외출에서 돌아온 아버지가 과일 접시에서 사과를 집어 들고 위협적인 몸짓으로 그레고르를 향해 던지기 시작한다. 연달아 날아오는 사과를 피하지 못하고 등에 치명상을 입은 그레고르는 그 자리에 뻗어버린다. 그사이에 실신 상태에서 깨어난 어머니는 아버지에게 달려가 더 이상 그레고르에게 상처를 입히지 말라고 애원한다.

종말

그레고르의 등에 박힌 사과를 제거해주는 사람은 아무도 없었다. 그래서 사과는 그 사건에 대한 하나의 기념물로서 한 달 이상이나 그의 등 속에 남아 있다. 상처로 인해 자신의 거의 모든 활동력을 상실해버린 그레고르는 기어 다니기에도 숨이 넘어갈 지경이다. 이제 집안 살림은 점점 궁색해져 어머니는 생활비를 마련하기 위해 삯바느질도 모자라 장신구까지 팔아야 하고, 아버지는 새로 수위 일을 시작하고, 누이동생은 점원으로 취직한다. 그동안 집안일을 도맡아 하던 하녀도 내보내고 대신 아침저녁으로 드나들며 힘든 일만 거들어주는 할멈이 새로 고용된다. 음식에 대한 그레고르의 관심은 이제 거의 사라지게 되어 무얼 먹으면 식욕이 돌아올지 그 자신도 알 수 없는 상황에 이른다. 하숙인들이 음식을 먹으면서 내는 소리도 그에게는 매우 낯설게 느껴진다.

가족은 경제적 어려움 때문에 방 하나를 세놓을 수밖에 없게 된다. 남자 하숙인 세 명이 가구며 여러 가지 물건을 갖고 들어왔기 때문에 그레고르의 방은 마땅히 둘 곳을 찾지 못한 잡동사니들의 차지가 된다. 어느 날 저녁 식사가 끝난 후 누이동생이 켜는 바이올린 소리를 들은 남자 하숙인들이 아버지에게 거실에서 연주해달라고 부탁한다. 방문에 기대어 바이올린 연주를 들은 그레고르는 황홀한 소리에 끌려 문을 열고 거실로 나간다. 그는 스스로 자신이 이처럼 음악 소리에 감동을 느끼는데도 가족으로부터 벌레로 취급받는 상황을 이해하지 못한다. 그레고르를 발견한 하숙인들은 아버지에게 해명을 요구하고는 방을 해약하겠다고 선언한다. 누이동생은 벌레가 그레고르인 것은 잊어버리고 벌레를 없애야 한다고 주장한다. 그레고르는 가족으로부터 완전히 고립된다. 어둠 속에서 더 이상 움직일 수 없다는 사실을 깨달은 그는 살아갈 의지를 포기한다. 오랫동안의 굶주림과 등에 박혀 있는 썩은 사과, 그리고 자신의 처리 문제를 두고 벌어진 가족 간의 논쟁, 이 모두는 그레고르의 육체와 정신을 한없이 쇠약하게 만든다. 이러한 상태에서 밤을 지새운 그는 새벽 여명이 밝아올 무렵에 숨을 거둔다.

죽은 그레고르의 모습을 제일 먼저 발견한 사람은 아침 일찍 집으로 온 할멈이었다. 할멈의 소란에 잠이 깬 가족은 그레고르의 방으로 가 그의 죽음을 확인한다. 특히 아버지는 성호를 그으며 가족 모두 하느님께 감사를 드려야겠다고 말한다. 어머니와 누이동생, 그리고 할멈도 아버지를 따라 성호를 긋는다. 가족은 슬프면서도 동시에 홀가분해진 마음으로 이 날은 일하지 않고 근교로 소풍이나 가자고 결정한다. 가족은 전차를 타고 교외로 나가면서 새집을 구하거나 딸의 결혼과 관련된 미래의 계획에 대해 이야기를 나눈다.

심판

체포

　은행의 업무주임인 주인공 요제프 K는 서른 번째 생일날 아침에 자기 방을 찾아온 감시인 두 명에 의해 자신이 체포되었다는 통보를 받는다. 무슨 일이든 될 수 있는 대로 쉽게 생각하는 성격의 그는 처음엔 은행 동료들이 꾸민 장난으로 생각한다. 하지만 그는 곧 의심스런 생각에 빠져든다. 감시인들은 K에게 체포 이유와 체포 명령자에 대해 아무런 언질도 해주지 않는다. 그런데 같은 하숙집 옆방에 살고 있는 뷔르스트너 양의 방에서 K를 기다리고 있던 주임이란 신분의 또 다른 감시인이 K에게 체포 사실을 확인해준다. 또한 주임은 K에게 너무 감정적으로 행동하지 말 것을 충고하면서 은행 직원으로서의 업무는 정상적으로 수행해도 된다고 말한다. 즉, K는 자신이 체포된 사실만 알고 있으면 그만이고 지금까지 해왔던 것처럼 똑같이 생활해도 상관하지 않겠다는 것이다.

K는 감시인들이 데리고 온 젊은 은행 직원 세 명과 함께 택시를 타고 은행으로 간다. 저녁에 직장에서 돌아온 K는 하숙집 주인인 그루바흐 부인과 아침에 일어났던 일에 대해 대화를 나눈다. 체포 사건에서 뭔가 배울 것이 있다고 여기는 그녀는 K에게 너무 어렵게 생각지 말라고 당부한다. 늦게 귀가한 뷔르스트너 양에게 그는 심리위원회가 그녀의 방을 사용한 것에 대해 사과한다. 뷔르스트너 양에게 체포 장면을 설명한 후 K는 갑자기 그녀에게 키스 세례를 퍼붓고는 자신의 행동에 만족해하면서 잠이 든다.

법정에서

요제프 K는 은행으로부터 다음 일요일에 자신의 일과 관련하여 간단한 심리가 있을 예정이라는 전화 통지를 받는다. 그는 자신에 대한 심리를 맡은 법원이 위치한 건물의 분위기가 일반적인 법원의 모습과는 전혀 어울리지 않는다는 사실에 당황한다. 예심판사와 홀 안에 모여 있는 사람들 앞에서 그는 이런 심문의 무의미함과 체포의 부당성에 대해 과격한 어조로 항의한다. 그러나 그의 장황한 연설은 강당 한쪽 구석에서 서로 부둥켜안고 있는 한 쌍의 남녀가 지르는 비명 소리에 의해 중단된다. 자신의 정당한 이의 제기가 이런 식으로 방해받은 것에 분노한 K는 비로소 자신의 제한된 자유와 체포의 현실성을 몸으로 느낀다. 예심판사와 대중의 옷에서 색깔은 다르지만 모양이 같은 휘장을 발견한 그는 그들 모두가 똑같이 부패한 집단의 한패거리이며 죄 없는 사람을 어떻게든 죄인으로 만드는 실험을 하고 있다고 비난한다.

K는 법정에서 요구하는 심문도 받지 않은 채 급히 그곳을 떠난다. 그는 다음 한 주일 내내 상대편 쪽에서 화해하러 와주기를 기다린다. 그러나 아무 연락이 없자 같은 시간에 출두하라는 뜻으로 해석한 그는 다시 지난번의 장소로 찾아가지만 그곳은 텅 비어 있다. 회의실 문 앞에서 젊은 여자를 만나게 된 K는 자신의 일과 관련하여 그녀와 우호적인 관계를 맺으려고 한다. 그러나 장차 법원 직원이 될 어떤 학생이 그녀를 유혹해서 데리고 가버린다. 그들의 뒤를 쫓아간 K는 건물 다락방에 재판소 사무실이 있다는 사실을 우연히 알게 된다. 사무실 입구에서 만난 법원 정리는 사실 조금 전에 사라져버린 여자의 남편으로, K에게 사무실 구경을 시켜준다며 그를 길고 복잡하게 얽힌 복도로 데리고 간다. 천장 바깥쪽의 햇볕 때문에 무겁고 답답해진 사무실 공기로 인해 점점 현기증이 나기 시작한 그는 한 남자의 도움으로 그곳을 빠져나온다.

채찍을 든 사나이

며칠 후 K는 은행 창고에서 신음 소리가 들리기에 창고 문을 열어보니, 촛불 속에서 자신을 체포하러 왔던 프란츠와 빌렘, 그리고 채찍을 든 또 한 사람의 모습이 눈에 들어온다. 프란츠와 빌렘은 K에게 그가 예심판사에게 체포의 부당성에 대해 떠들었기 때문에 자신들이 채찍을 맞고 있다고 말한다.

K는 뚫어지게 두 사람을 바라보면서 자신은 쓸데없는 얘기를 하지도 않았거니와, 또 그의 화를 돋울 만한 말을 한 적이 없다고 말한다. 그러나 채찍을 든 사나이는 K를 향해 선전포고를 하듯이 처벌은 정당할뿐더러 불가피한 일이라고 선언한다. K는 그들이 받는 체벌에 책임을 느낀다. K는 그 사나이의 얼굴은 쳐다보지도 않고 주머니에서 지갑을 꺼내면서, 죄는 그들에게 있는 것이 아니라 바로 거대한 당국의 조직 자체, 그러니까 지위가 높은 양반들에게 있기 때문에 이 사람들을 눈감아주면 사례는 얼마든지 원하는 대로 지불하겠다고 말한다.

K의 구원의 노력에도 불구하고 프란츠의 몸 위로 채찍질은 쏟아진다. 프란츠의 입에서는 고통스런 비명이 터져 나오고, 급기야 마룻바닥에 쓰러진 그는 온몸에 경련을 일으킨다. K는 혹시 이상한 소리를 듣고 은행 사람들이 몰려올까 해서 복도 쪽을 살펴본다. 그때 마침 은행 사환들이 달려왔고, K는

그들에게 개 짖는 소리라고 둘러대며 창고를 떠난다. 프란츠에게 가해지는 태형을 저지할 수 없었던 것이 마음에 걸린 K는 다음 날 창고 문을 다시 열어본다. 그러나 조금도 달라지지 않은 비참한 광경에 그는 기절할 지경이 된다. K는 자신을 발견하고 살려달라고 애원하는 프란츠를 외면한 채 문을 닫아버린다.

숙부와 레니

한 달쯤 지난 어느 날 오후 K의 숙부 칼이 소송과 관련해서 도움을 주려고 은행에 나타난다. 칼의 제안으로 두 사람은 칼의 동창인 훌트 변호사를 찾아간다. 심장병 때문에 늘 침대 신세를 지고 있는 훌트 변호사는 이미 K의 소송 사건에 대해 잘 알고 있다며 두 사람을 도와줄 것을 약속한다. 그러나 K는 같은 시간에 병문안을 구실로 소송에 관련된 일을 상의하러 와 있는 법원의 서기장을 보고는 그가 자신이 첫 번째 심리를 받을 때 맨 앞줄에 앉아 있던 노인들 중 한 사람이란 사실을 기억해낸다. 훌트 변호사가 소송과 관련하여 법원 사람들과 모종의 결탁을 하여 부정한 방법으로 사건을 처리한다는 인상을 받은 K는 그들의 이야기에 지루함을 느낀다. 법원 사람들과 사귀느냐는 K의 실망스런 물음에 훌트는 짐짓 위엄 있는 태도로 같은 전문 분야의 친구들과 사귀는 것은 지극히 당연한 일이라고 대답한다. K는 훌트에게 그의 활동 무대가 법원의 법정이지 다락방에 차려놓은 재판소가 아니라고 대들고 싶지만 차마 용기를 내지 못한다. 그때 옆방에서 갑자기 접시 깨지는 소리가 들린다. 사정을 알아보겠다는 핑계를 대며 K는 자연스럽게 방 밖으로 나온다. 옆방으로 들어선 K는 어둠 속에서 작은 손이 자신의 손을 잡는 것을 느낀다. 변호사의 간호사인 레니였다. 그녀는 일부러 접시를 깨트려서 K를 방 밖으로 유인한 것이다. 두 사람 사이에 일치된 감정 상태는 한동안 지속되는 애무 행위로 이어진다. 간호사와 헤어진 후 변호사 집에서 나온 K는 밖에서 기다리던 숙부로부터 자신의 행동 때문에 소송에 악영향을 끼치게 되었다는 이유로 심한 질책을 받는다. (미완성)

변호사 · 사장 · 화가

어느 겨울날 오전 K는 사무실에 앉아서 자신에 대한 재판과 변호사에 대한 생각으로 시간을 보낸다. K는 변호사를 만날 때마다 소송 사건은 잘 진행되고 있고 변론서도 작성하고 있다는 말만 들어왔기 때문에 그의 도움에 대해 회의를 느낀다. 결국 변론서를 직접 작성하기로 결정한 K는 사업 일로 찾아온 공장 사장으로부터 티토렐리라는 화가를 찾아가 소송에 관한 도움을 받아보라는 충고를 듣는다. K는 즉시 티토렐리를 찾아간다. 그는 K에게 자신을 법원의 고문이라고 소개하고는 소송에서 무죄가 되도록 도와주겠다고 약속하면서 무죄의 세 가지 가능성, 즉 실질적 무죄와 형식적 무죄, 그리고 소송 진행 방해에 대해 설명한다. 티토렐리는 우선 무죄는 가장 좋은 것이지만 자신의 힘으로는 불가능하다는 점을 분명히 하면서 무죄로 만들어줄 수 있는 사람은 아무도 없을 거라고 주장한다. 따라서 K 자신이 결백하니까 직접 나서서 무죄를 주장하고 일을 해결해나갈 수도 있다는 점도 아울러 지적해준다. 그러나 이런 경우엔 화가 자신은 물론이고 다른 어떤 사람의 도움도 필요 없게 되어 그 자신이 실질적 무죄에 대해 직접적인 영향을 미칠 수 없으며, 또 그것은 오직 전설 같은 것으로만 전해지고 있다는 이유로 즉시 배제된다. 방 안의 더위 때문에 두 사람의 대화는 잠시 날씨와 방의 구조에 대한 이야기로 바뀐다. 그 사이에 벌써 그 전문 용어를 잊어버린 K는 나머지 두 가지 가능성에 대해 화가에게 묻는다. 무척 귀찮은 일을 맡게 되었다는 눈빛으로 화가는 형식적인 무죄와 소송 진행 방해에 대해 설명해준다. 화가는 먼저 형식적인 무죄를 원한다면 K 자신이 무죄라는 증명서를 한 장 써야 한다면서, 이런 증명 방법은 아버지로부터 물려받은 것으로 절대로 다른 사람이 관여할 수 없는 것이라고 말해준다. 두 사람의 대화에서 형식적 무죄는 그야말로 형식적인 무죄에 지나지 않는 일

시적인 무죄일 뿐이라는 사실이 밝혀진다. K는 걱정스러운 마음으로 이 두 번째의 무죄로 모든 것이 끝나는 것은 아니지 않느냐고 되묻는다. 화가는 두 번째의 무죄에 이어 세 번째의 체포, 세 번째의 무죄, 또 네 번째의 체포, 네 번째의 무죄, 이렇게 끝이 없이 계속될 수 있기 때문에 좌우간 형식적 무죄 역시 K에게 그다지 도움이 되지 않을 것 같다고 말해준다. 실망과 지루함 때문에 어쩔 줄 몰라 하는 K에게 눈길 한 번 주지 않은 채 화가는 세 번째 가능성인 소송 진행 방해에 대해 설명을 계속한다. 그에 따르면 그것은 소송을 계속해서 그 최저 단계에 머무르게 하는 것을 의미하는데, 그러기 위해서는 피고와 그의 조력자, 특히 자기 자신이 법원과 개인적인 접촉을 단절하지 않도록 하는 것이 제일 중요하다고 강조한다. K는 화가의 장황한 말이 채 끝나기도 전에 겉옷을 집어 들고 자리에서 일어난다. 화가는 K에게 나머지 두 개의 가능성 중에서 결정한 후 가능한 한 빨리 연락해달라고 부탁한다.

상인 블로크

소송이 시작된 지 반년쯤 지나자 K는 마침내 변호사 홀트의 소송대리인 자격을 취소하기로 결정한다. 홀트의 집에서 K는 또 다른 소송을 의뢰한 상인 블로크를 만난다. 블로크는 5년 이상이나 계속되고 있는 자신의 소송 문제에 대해 K에게 이야기해준다. 자신의 소송 사건이 좀처럼 진척이 되지 않았다고 불평하면서 블로크는 법정 심리가 진행되었기 때문에 그에 따라 빠짐없이 출두하고 자료도 수집하고 장부 같은 것도 모두 법원에 제출했지만, 나중에 알고 보니 그런 일들은 모두 쓸모없는 것이 되어버렸다고 훌트에 대한 불만을 토로한다. 블로크의 말에 의하면 훌트의 변호사로서의 결정적인 결함은 변론서 작성에 있었다. 그러니까 훌트가 쓴 변론서는 보기엔 그럴듯한 위엄을 갖추고는 있지만 그 내용은 그야말로 빈껍데기나 다름없다는 것이 블로크의 주장이었다.

블로크의 비밀 얘기를 듣고 나서 K는 훌트의 방에 가서 오늘부터 자신의 사건에서 손을 떼어달라고 말한다. 훌트는 K의 선언에 개의치 않고 자신은 여전히 계획한 일을 예전처럼 계속해나갈 작정이라고 말한다. 훌트는 간호사 레니로 하여금 불로크를 불러오게 한 다음, 소송 문제로 자신에게 불만을 가지고 있는 불로크에게 모욕을 주어 굴복시킴으로써 K 스스로 자신의 결정을 철회하도록 유도한다. (미완성)

대성당에서

억수같이 비가 쏟아지는 어느 가을날 K는 지점장으로부터 은행 고객인 한 이탈리아인에게 성당을 구경시켜주라는 부탁을 받는다. 안내에 필요한 여러 가지 세심한 준비를 마친 후 K는 약속 시간에 맞춰 성당에 도착하지만 이탈리아인은 보이지 않고 대신 성당지기가 나타난다. 그를 따라간 K는 등불이 켜져 있는 자그마한 설교단을 발견한다. 그곳을 떠나려고 할 때 K는 자신의 이름을 부르는 어떤 신부의 목소리를 듣는다. 스스로를 법원의 교회사라고 밝힌 그 신부는 K에게 소송 사건 때문에 다른 사람들, 특히 여자에게서 너무 많은 도움을 바라지 말라는 충고를 해준다. 시간을 좀 내달라는 K의 부탁에 신부는 재판 자체에 대해 K가 착각하고 있다는 점을 강조하면서 '법률입문서' 가운데 착각에 관한 부분을 들려준다.

> 계율 앞에 문지기가 서 있었는데, 어느 날 시골에서 올라온 한 남자가 문지기에게 문 안으로 들어가게 해달라고 부탁했다. 문지기는 지금 당장은 들여보내 줄 수 없다고 말했다. 남자는 잠시 생각하다가 나중에는 되겠느냐고 물었다. 나중에는 혹시 몰라도 지금은 안 된다고 문지기가 대답했다. 시골 남자는 문 안으로 들어가는 허가를 받을 때까지 기다리기로 결심했다. 문지기는 남자에게 의자를 하나 주면서 입구 쪽에 앉아서 기다리게 했다. 남자는 여행하려고 준비해온 돈을 다 써버리면서까지 입장 허가를 위해 문지기를 매수하려고 했다. 다른 곳에도 문지기가 있다는 사실을 잊어버린 이 남자는 첫 번째 문지기가 계율

안으로 들어가는 데 대한 유일한 장애물인 것으로 생각했다. 그런 상태로 세월은 흐르고 또 흘렀다. 이윽고 죽음의 상태에 가까워진 시골 남자는 오랜 세월 동안 자기 외에 어느 누구도 문 안으로 들어가려고 시도한 사람이 없었던 것은 무슨 이유냐고 문지기에게 물었다. 문지기는 죽음을 눈앞에 둔 그를 비웃기라도 하듯 이 문은 오직 당신 한 사람만을 위한 것이기에 다른 사람은 당연히 들어갈 수가 없다고 그의 귀에다 대고 큰 소리로 말해주었다.

신부의 말을 들으면서 문지기 이야기에 나오는 시골 남자와 자신을 동일시한 K는 시골 남자가 문지기에게 속은 것이며, 따라서 시골 남자는 죄가 없다고 확신한다. 문지기 이야기와 관련하여 다른 해석의 가능성을 제시하는 신부의 말에도 불구하고 K는 여전히 자신의 견해를 고집한다. 신부는 자신의 의견과 일치하지 않는 K의 주장을 묵묵히 받아들인다. 두 사람은 말없이 출구 쪽으로 발걸음을 옮긴다. 어둠 속에서 갑자기 은으로 만든 성자의 입상이 나타나, 희미하게 반짝이더니 이내 어둠 속으로 사라진다. 조금만 가면 출구가 있느냐고 K가 묻는다. 신부는 한참 더 가야 출구가 나온다면서 그냥 돌아가겠느냐고 묻자 마치 기다렸다는 듯이 K는 꼭 돌아가야만 한다고 대답한다. 이런 K를 쳐다보면서 신부는 자기 자신도 법원처럼 K에게 아무것도 요구하지 않는다고 하면서 오는 사람을 마다하지도 않고 또 가는 사람을 쫓지도 않을 뿐이라고 말한다.

종말

  K는 서른한 번째 생일 전날 밤에 자신의 거처로 찾아온 검은 옷을 입은 남자 두 명에 의해 어디론가 끌려간다. 공원 같은 광장에 도착했을 때 그에게는 뷔르스트너 양을 보았다는 생각이 들기도 한다. 한참을 더 걸은 후 텁수룩하게 수염을 기른 경찰 한 명이 긴 칼자루에 손을 댄 채 수상해 보이는 이들 일행에게 다가온다. 두 남자는 그 자리에 우뚝 선다. K는 경찰이 말을 걸기 전에 마치 자신이 두 사람을 이끌고 가는 것처럼 보이게 하면서 걸음을 재촉한다.

  K가 끌려간 곳은 채석장의 절벽 아래 캐다 만 돌덩이가 있는 곳이다. 그들 중 한 명이 외투 밑에서 도살용 칼을 꺼내 든다. K는 그 칼로 스스로 찔러 죽는 것이 자신의 의무라는 생각이 들지만 관청 사람들의 수고를 덜어주지는 않는다. 그는 아직도 자유로운 목을 좌우로 움직여 주위를 살펴본다. K의 눈길은 채석장과 이어진 곳에 있는 건물 윗부분에 닿는다. 갑자기 등불이 하나 켜지더니 덧문이 열리고 사람의 모습이 보인다. 그 사람은 앞으로 몸을 내미는 듯하더니 두 팔을 번쩍

들어 올린다. 순간 K에게는 그 사람의 정체에 대해 여러 가지 복잡한 생각이 떠오른다. 죽음을 눈앞에 두고 그 사람이 친구인지, 자기편인지, 구원자인지를 가늠해보는 K의 의식 속에는 결국 한 번도 도달해보지 못한 상급 법원에 대한 그리움만 남게 된다.

    K는 두 팔을 내밀고 두 손의 모든 손가락을 쫙 편다. 두 사람 중 하나가 칼을 들고 K의 심장을 찌른다.

성

도착

 이름이 K인 남자가 어느 겨울날 저녁 무렵에 성이 있는 산 밑의 마을에 도착한다. 국도에서 마을로 접어드는 나무다리 위에서 한동안 서 있던 그는 숙소를 찾기 위해 천천히 발걸음을 옮긴다. 근처의 여관에 도착하지만 비어 있는 방이 없어 식당 안의 난로 옆에 깔아놓은 짚더미 위에서 잠이 든다. 그러나 얼마 지나지 않아 자신의 신분을 성의 집사 아들이라고 밝힌 젊은이가 성주인 백작의 숙박 허가가 필요하다는 이유로 그의 잠을 깨운다. K는 자신을 백작의 부름에 의해 온 성의 토지측량기사라고 소개하면서 그의 요구를 무시해버린다. 성에 소속된 하급 집사 중 한 사람이 전화로 성의 중앙사무국에 K의 신분을 조회한다. 성으로부터 걸려온 두 번째 전화로 K의 신분은 확인된다.

다음 날 아침 K는 여관을 나와 성을 향해 출발한다. 멀리 보이는 성의 모습은 K가 기대한 대로였다. 그것은 오래전의 기사의 성도 아니요, 현대적인 모습의 화려한 저택도 아니었다. 폭이 넓고 나지막한 건물들이 촘촘히 늘어선 모습은 그것이 성이라는 사실을 몰랐다면 작은 도시라고 여겨졌을 것이다. 성을 보면서 K는 문득 고향의 작은 마을을 생각한다. 고향 마을은 이런 성에 비해도 조금도 손색이 없어 보인다. 걸음을 멈춘 K의 눈에 마을 교회 뒤에 자리한 낡은 학교 건물이 들어온다. 때마침 온통 눈으로 뒤덮인 교정에 어린 학생들과 선생이 함께 나타난다. 스스로를 이방인으로 생각하고 있던 K는 그 선생에게 먼저 성의 백작을 잘 아느냐는 말로 인사를 건넨다. 모른다고 퉁명스럽게 대답하는 선생에게 K는 한 번 방문하겠다는 말로 작별 인사를 대신한다. 선생과의 대화에서 불쾌감을 느낀 K는 성 입구까지 걷는 것이 무리라고 느끼면서도 계속 걸어간다. 그러나 K가 성 쪽으로 기다랗게 뻗어 있는 마을의 큰 길을 따라 성이 있는 산에 가까이 다가가는 순간, 그 길은 마치 이유 없이 심술이라도 부리는 듯 다시 휘어져 성으로부터 멀어지곤 한다. 이상하게도 K는 걸어가면 갈수록 길은 계속 성에서 멀어지는 것도 아니고, 그렇다고 좀처럼 가까워지는 것도 아니다. 눈길을 걷느라 피곤해진 몸을 쉬기 위해 근처 농가로 들어간 K는 그곳에서 라제만이라는 피혁 가게 주인을 만난다. 농가에서 나온 K가 라제만에게 작별 인사를 하는 순간 마침 성으로부터 젊은이 두 명이 그들을 향해 걸어온다. K는 두 젊은이에게 여관까지 같이 가자고 제안하지만 그들은 그냥 지나쳐버린다. K는 눈 속에 파묻힌 채 길거리에 홀로 남겨진다. 그때 왼쪽에 있는 집의 창문을 열고 한 남자가 나타나더니 자신의 썰매를 태워주겠다고 제안한다. 그러나 그 남자는 K가 목적지를 성이라고 하자 거절한다. 여관으로 데려다 달라고 K가 다시 부탁하자 그 남자는 썰매를 가지러 간다. 사실 그 남자의 호의는 인간적인 배려에서가 아니라 K를 자기 집의 빈터에서 내쫓으려는 의도에서 나온 것이다. 그 남자의 마부 게르스태커가 모는 썰매는 K를 태우고 천천히 앞으로 미끄러져 나간다. K가 오늘 중으로 도착할 수 있을 거라고 생각했던 건너편의 성은 K의 시야로부터 다시 멀어져 간다. 이제 당분간 만날 수 없다는 작별 인사라도 하듯이 가슴 저 밑에서부터 아련히 저려오는 종소리가 성으로부터 울려온다.

바르나바스

여관으로 돌아온 K는 현관문 앞에서 자신의 옛 조수들이

자 조금 전 길에서 잠시 만났던 두 명의 청년 아르투어와 예레미아스를 다시 만난다. K와 성에서 파견된 조수들은 여관 식당에서 맥주를 마시다가 입장 허가를 얻기 위해 성에 전화를 건다. 하지만 성으로부터 절대 불가란 회답을 받는다. 그때 바르나바스란 남자가 K에게 성의 사무국장 클람의 편지를 가져다준다. K가 영주인 백작의 성에 근무하도록 채용되었으며, K의 근무 조건과 보수에 대해서는 직속상관인 마을 면장이 알려줄 것이라는 내용의 편지였다.

K는 바르나바스에게 자신을 성의 측량사로 채용해 주고 또 호의도 베풀어준 것에 대해 고맙다는 말을 클람에게 대신 전해달라고 부탁한다. 바르나바스는 K가 한 말을 그대로 복창한 후 작별 인사를 하고 눈이 내리는 밤길 속으로 사라진다. 바르나바스가 성으로 돌아가는 줄 알고 그를 쫓아간 K는 그에게 매달리다시피 하면서 눈이 내리는 겨울 밤길을 오랫동안 함께 걸어간다. 그러나 그들이 도착한 곳은 바르나바스의 집이어서 K는 실망한다. 그곳에서 K는 바르나바스의 누이동생 올가에게 이끌려 성의 관리들이 전용으로 사용하는 헤렌장 여관으로 간다. 여관 주인에게 K는 하룻밤 묵고 싶다고 말한다. 그러나 주인은 여관이 성에서 온 사람들이 전용으로 사용하는 곳이기 때문에 불가능하다고 대답한다. 더 이상 자신의 요구를 주장할 수 없게 된 K는 여관 주인을 통해 오늘

이곳에 묵는 성의 관리는 클람뿐이라는 사실을 알게 된다. 주인이 떠난 후 올가가 K를 데리러 온다.

프리다

올가와 함께 술집으로 간 K는 그곳에서 일하는 여급 프리다를 알게 된다. 클람을 아느냐는 K의 물음에 프리다는 작은 구멍을 통해 옆방에 와 있는 클람의 모습을 들여다볼 수 있게 해준다. 클람은 방 한복판의 둥근 안락의자에 느긋한 모습으로 앉아 있다. 올가는 아는 남자에게 가고, K와 프리다 둘만 남게 된다. K는 프리다에게 클람과 친한 사이냐고 묻는다. 그녀는 자신이 그의 애인이라고 대답한다. K는 그렇다면 그녀에게 경의를 표해야겠다고 비꼬듯이 말한다. K는 프리다의 마음을 떠보기 위해 그녀에게 술집에서 묵을 수 있는지 물어본다. 술집에서 떠들며 춤을 추고 있던 클람의 하인들을 쫓아 보낸 후 K와 프리다는 K의 조수들이 엿보는 줄도 모른 채 술집 바닥에서 격렬한 정사를 나눈다. 옆방에 있는 클람이 조용히 프리다를 부르지만 그녀는 거부하면서 자신이 지금 K와 함께 있다는 사실을 알린다. 프리다는 K와 그의 조수들을 자기가 예전에 일했던 여관 추어 브뤼케로 데리고 간다. 여관에 도착하자마자 K는 자기 방으로 가서 침대 위에 눕는다. 프리다는 K의 침대 옆 마룻바닥에 잠자리를 준비한다. 조수들은 방에서 쫓겨

났다가 다시 들어온다. 여기서 K는 밤낮없이 42시간을 침대 위에서 보낸 후 다음 날 아침 상쾌한 기분으로 일어난다. 그가 마을에 도착한 지 나흘째 되는 날이다.

여주인과의 첫 번째 대화

K는 충분히 원기를 회복했다고 생각하면서 프리다와 둘이서만 솔직한 대화를 나누고 싶어 한다. 그는 나중에 면장에게 함께 가자며 조수들을 아랫방에서 기다리게 한다. K와 프리다는 여관방에서 조수들을 내보낸 후 다시 한 번 격렬한 정사를 나눈다. 침대 옆에서 그들이 일어나기를 기다리고 있던 여관의 여주인에게 K는 프리다와의 결혼 계획을 말해준다. 여주인은 K가 타향 사람이므로 프리다에게 해줄 보증이 필요하다고 말한다. K는 여주인에게 결혼 공증 때문이라는 이유를 대면서 결혼식에 대해 클람과 사전에 협상할 필요가 있다고 말한다. 그러나 프리다와 여주인은 성에 속한 사람으로서 높은 지위에 있는 클람이 그곳 마을 사정을 전혀 모르는 이방인인 K와 같은 사람과 대화한다는 것은 있을 수 없는 일이라고 말한다. 여주인은 클람이 성에 소속된 사람이라는 사실만으로도 대단히 귀한 분으로 간주될 수 있다고 생각한다. 반면에 여주인은 K에 대해서는 그가 성에 속하지도 않고 마을 사람도 아닌, 말하자면 아무것도 아닌 타향 사람이며 어디

서나 방해가 되는 존재일 뿐이라며 깎아내린다. 심지어 여주인은 클람의 애인이라고 소문까지 난 프리다가 K에게 마음을 준 것은 클람이 의도적으로 꾸민 일이라고 생각한다. 여주인은 K에게 무슨 일이 있어도 클람을 만나려는 일만은 하지 말아달라고 부탁한다. K는 이러한 여주인의 태도가 모두 오히려 클람을 두려워하는 마음에서 나온 것이라고 지적하면서 여관을 나와 면장의 집으로 향한다.

면장 집에서

면장은 침대에 누운 채 K를 맞이한다. K는 면장에게 클람의 편지를 읽어준다. 면장은 K가 측량기사로 채용된 것은 사실이지만 자기가 볼 때 실제로 측량기사가 할 일은 아무것도 없다고 말한다. 관청에서 관리하고 있는 영지는 말뚝으로 경계선을 표시하고 있고, 모든 것이 정확하게 기록되어 있을 뿐 아니라, 경계에 대해 사소한 분쟁이라도 일어나면 관청 자체에서 조정하고 해결하기 때문에 측량기사는 전혀 필요 없다는 것이다. 면장은 성 당국에 의해 K가 측량사로 임명된 것도 사실은 아주 오래전, 그러니까 자신이 면장이 된 후 겨우 2개월밖에 안 된 시점에서 내려왔던 측량기사 초빙 명령서가 현재 담당 부서의 행정 착오로 아직도 철회되지 않은 탓이라고 말한다. 면장의 이 말에 면장 부인인 미치와 K의 조수들까지 함께 나서서 집 안의 캐비닛 속에 있는 서류 뭉치를 샅샅이 뒤져보지만 그 명령서는 발견되지 않는다. 면장은 사실 그 서류가 중요한 것은 아니며 언젠가는 찾게 될 것이고 혹시 학교 선생에게 가 있을지도 모른다고 둘러댄다. 그는 아내와 함께 클람의 편지를 읽으면서 귓속말을 주고받은 다음 K에게 편지 내용에 대한 자신의 의견을 말해준다. 면장은 이 편지가 공문이 아니라 완전히 사적인 것이라는 점에서 아내와 완전히 의견을 같이하고 있다고 주장한다. 무엇보다 "삼가 사뢰나이다"라는 편지의 첫 문구가 그것을 증명한다는 것이다. 또한 편지에는 K를 측량기사로 채용했다는 말은 한마디도 없으며 오히려 영주에 대한 일방적인 봉사라는 것이 분명히 언급되어 있다는 것이다. 결국 편지 내용에 대한 면장의 결론은 K가 백작의 관청에 근무하도록 채용될 경우에 클람이 사적으로 돌봐주겠다는 뜻을 명시한 것에 불과하다는 것이다.

이런 면장의 발언에 대해 K는 자기가 성으로부터 자선을 바라는 것은 아니며, 오히려 이 마을에서는 법 규정의 힘을 빌려 자신과 같은 힘없는 개인에게 무서운 불법을 자행하고 있기 때문에 자신의 고유한 권리를 지키기 위해 방책을 강구하겠다고 말한다. K와 면장이 대화하는 동안 면장 부인은 남편에게 몸을 기댄 채 몽상에 잠겨 클람의 편지를 만지작거리고 있는데, 그녀 손에서 편지는 이미 작은 배 모양으로 접혀 있었다. 이를 본 K는 깜짝 놀라 그녀의 손에서 편지를 빼앗은 후 조수들을 데리고 면장의 집을 나와 여관으로 간다.

여주인과의 두 번째 대화

여관으로 다시 돌아온 K는 여주인으로부터 그녀 자신도 20여 년 전에 비록 세 번의 만남으로 그쳤지만 한때 클람의 애인이었다는 말을 듣는다. 여주인은 클람으로부터 받은 선물 세 가지를 K에게 보여주며, 자기보다 더 오래 클람의 애인 노릇을 했지만 그로부터 기념이 될 만한 물건 하나 받지 못한 프리다와 자신을 비교한다. 그녀는 K에게 숄과 나이트캡, 사진 등 클람으로부터 받은 선물을 자랑스럽게 소개하면서, 이것들이 없었으면 지금까지 꾸려온 자신의 삶 자체가 불가능했을 거라고 말한다. K는 한숨을 쉬며 클람과의 일이 언제 이야기냐고 묻는다. 20년도 더 된 일이라고 여주인이 대답하자 K는 그녀의 삶에서 클람은 절대적인 위치를 차지하고 있다고 짐작한다. 아울러 그녀는, 선물은 클람이 스스로 준 것은 아니고 마음에 드는 물건이 있으면 클람에게 조르기만 하면 된다는 말을 덧붙인다. 결혼 후 프리다와 클람과의 관계를 걱정하는 K에게 여주인은 자신의 과거 이야기를 들려준다. 여주인의 이야기에서 그녀와 남편 한스의 결혼에 클람이 개입되었다고 생각한 K는 그녀에게 그들의 결혼이 불행한 상태에 있다고 지적해준다. K는 여주인에게 클람이 자신과 프리다와의 결혼에 대해 어떻게 생각하는지 알아보기 위해 면담이 필요하다고 말한다. 클람으로부터 회답이 오기 전에 K가 독자적으로 행동하지 않는다고 약속하면 면담 성사를 위해 노력해보겠다는 여주인의 제안을 K는 거부한다. K는 프리다를 만나기 위해 자기 방으로 간다.

학교 선생과 클람

그 사이에 프리다가 사람 사는 곳처럼 아늑하게 꾸며놓은 위층 방에서 K는, 마을에 도착한 다음 날 그가 성을 찾아가는 길에 학교 교정에서 만났던 학교 선생의 방문을 받는다. 선생은, K가 측량사이니 특별히 학교 화단을 아름답게 만들 수 있을 거라는 농담과 함께 학교 급사 자리를 맡아달라는 면장의 부탁을 전하러 왔다고 말한다. K를 급사로 채용하면 프리다와 조수들 힘까지 빌릴 수 있기 때문에 학교 건물과 정원이 잘 정리될 거라는 면장의 의견에 반대했던 선생은 K가 그 제안을 받아들이지 않자 기뻐하며 돌아간다.

위층으로 올라온 프리다에게 K는 취직 건으로 찾아온 선생의 이야기를 해준다. 면장의 제안을 거부했다는 K의 말을 들은 프리다는 급히 밖으로 나가 선생을 다시 데리고 온다. 프리다는 선생에게 면장의 제안을 한마디로 거절한 K의 말을 다시 생각해달라고 부탁한다. 프리다는 K가 급사 자리를 받아들일 수밖에 없게 하려고 여관 여주인이 그에 대해 위협조로 한 말을 전해준다. 프리다에 의하면, 여주인은 만일 K가 성과 관계가 있다면 당장 그걸 이용하면 좋을 거라며 오늘이라도 이 여관을 나가달라고 요구하겠다는 것이다. 아울러 여주인은 자신의 남편이 모진 사람이 아니어서 K가 자기 집에 묵는 것을 허용한 것이지 K에 대한 배려에서 방을 준 것은 아니란 점을 분명히 했다는 말도 전한다. 그러나 K를 굴복시킨 프리다의 결정적인 말은 K 자신이 여주인에게 언제든지 가서 잘 데가 있다고 자랑스레 말했다는 것이다. 그러니까 여주인으로서는 K가 자기 집이 아니라도 잘 곳이 있다고 생각하고는, 성에서 여관으로 특별 명령을 내리거나 압력을 가하지 않는 이상 K를 다시는 받아들이지 않겠다고 결심했다는 것이다. 이러한 여주인의 말과 함께 간절하게 애원하는 프리다 때문에 결국 K는 학교 급사 자리를 받아들인다. 선생은 교실 두 개 중 한 곳에 기거할 수 있고 식사는 마을 비용으로 여관에서 해결할 수 있지만 보수 지급 여부는 한 달 뒤에 알 수 있다고 말한다. 그러자 프리다는 조금이라도 봉급을 받을 수 있게 청원서를 내달라고 부탁하지만 선생은 거절한다. 학교 교실로 이사 갈 준비 때문에 프리다와 조수 둘을 남겨놓은 채 K는 클람을 만나기 위해 외출한다.

여관 헤렌장에 도착한 K는 프리다가 일했던 술집에서 그녀 다음으로 들어온 여급 페피를 만난다. 페피도 성과 관련이 있다고 확신한 K는 지금의 상황을 헤쳐 나가는 데 그녀의 도움이 필요하다고 생각한다. 문득 K는 그녀에게 욕정을 느낀다. 클람이 곧 썰매를 타고 출발할 거라는 페피의 말에 K는 술집을 나와 건물 내부의 안뜰을 지나 말 두 마리가 끄는 검은색 썰매가 있는 곳으로 간다. 오랫동안 기다려도 클람은 나타나지 않는다. 갑자기 나타난 마부로부터 코냑을 마시자는 제안에 넘어간 K가 술병을 꺼내려고 썰매 문을 열다가 얼떨결에 마차 안으로 들어가게 된다. 조금 맛본 코냑 향에 취한 K가 단숨에 한 잔을 들이켜는데, 갑자기 건물 전체가 불이 켜지면서 젊은 남자 하나가 다가온다. 말들을 풀어놓으라는 젊은 남자의 지시에 따라 마부석에서 내려온 마부는 말들을 뒷걸음질시켜 마구간으로 향하게 한다. 마부가 썰매를 치우고 마구간 안을 정리하는 동안 시간이 꽤 흘러갔지만 그때까지도 클람은 여전히 모습을 나타내지 않는다.

클람의 편지

술집으로 돌아온 K는 그곳에서 추어 브뤼케 여관의 주인 부부와 페피, 그리고 젊은 남자(나중에 클람의 마을 주재 비서 모무스로 밝혀진다)를 만난다. 그동안 클람은 썰매를 타고 떠나버린다. 클람이 출발했느냐는 K의 물음에 여주인 대신 모무스가 K의 방심 덕에 클람이 떠날 수 있었다고 대답한다. K는 모무스의 경력에 대한 모무스 자신과 여주인의 소개말에 경멸의 기색을 감추지 못한다. K는 모무스와 여주인을 통해 클람과 그를 둘러싼 세계에 대한 새로운 인식에 도달한다. K는 클람이 자신으로부터 아득히 먼 곳에 있다고 생각한다. K는 언젠가 여주인이 클람은 아득히 높은 창공을 떠도는 독수리 같다고 했을 때 그녀가 꼭 바보 같다고 생각했던 기억을 떠올린다. 그러나 지금 K의 생각은 다르다. 자신과 클람 사이에 있는 먼 거리, 함부로 발을 들여놓을 수 없는 그의 영역, 어떠한 외침 소리도 뚫고 들어갈 수 없는 그의 묵직한 침묵, 높은 곳에서 내려다보는 것 같은 날카로운 눈초리, 이런 것들은 사실 확인할 수도 없는 것이다. K는 그 정체를 알 수 없는 율법에 의해 둘러싸인 저 높은 성의 영역은 자신처럼 아래에 있고 낮은 신분을 가진 사람들로서는 돌파하기는커녕 접근할 수조차 없으며, 단지 순간적으로만 느낄 수 있는 것이라는 생각에 빠져든다. 그때 모무스는 조서 작성을 위해 K에게 몇 가지 질문을 던지려 하지만 K는 그런 장난 같은 방식의 심문에는 응하지 않겠다며 술집을 떠난다.

집으로 돌아오는 길에서 K는 마중 나온 조수 두 명과 바르나바스를 만난다. 바르나바스는 K에게 클람의 편지를 전해준다. 클람은 그 편지에서 K가 지금까지 해온 측량기사로서의 업적에 대해 경의를 표하는 동시에 조수들의 근무 상태도 칭찬할 만하다고 평가했다. 또한 조수들이 일을 잘하도록 격려하고 그들을 일에 종사하도록 하는 요령을 터득하고 있는 K가 계속해서 잘해나가는 모습을 지켜보겠다는 말로 클람의 편지는 끝난다. K는 자신이 측량 일은 시작도 하지 않았고 조수들은 형편없는 사람들이기 때문에 클람의 편지 내용이 완전한 오해라고 평가한다. 이러한 K의 주장을 클람에게 전하겠다는 바르나바스의 제안에서 지난번에 부탁했던 자신의 첫 번째 감사의 말을 아직도 클람에게 전하지 않은 것을 알고 화를 낸다. K는 바르나바스에게 심부름에 대한 답례를 약속하며 클람에게 자신이 직접 방문할 수 있도록 허락해달라는 내용을 전하고 그에 대한 회답을 가져오라고 부탁한다.

학교에서

K는 조수들과 새로운 직장인 학교 교실에 도착한다. 한때 체육관으로 사용되던 큰 방은 부족한 장작이나마 불을 때기는 했는데도 온기는 거의 없다. 창고 안에 장작이 많이 저장되어 있지만 문은 자물쇠로 잠겨 있고 또 학교 규칙상 수업 시간 외에는 아무도 장작을 꺼낼 수 없게 되어 있다. 침구라

고는 짚을 넣은 이불이 하나 있을 뿐 침대는 보이지 않았다. 초라하기 짝이 없는 이 방 안의 유일한 장식품은 체조 기구이다. 취사도 제대로 할 수 없는 초라한 교실 환경 속에서 그래도 프리다는 K와 조수들을 위해 저녁 식사 준비를 한다. 알코올램프로 커피를 끓이고 익숙한 동작으로 일하는 프리다의 모습을 바라보면서 K는 모처럼 흐뭇한 기분에 젖는다. 이윽고 식사가 시작되었지만 조수 두 명은 잠시도 가만있지 못하고 식탁에서 일어서기도 하고, 식탁 위의 음식이 많이 남아 있는지 살펴보기도 한다. K는 프리다가 조수들의 무례한 행동에 관대한 이유를 궁금해한다. 조수들이 나가버리면 불편한 환경 속에서도 프리다와 함께 조용히 살 수 있을 거라고 생각한 K는 그녀에게 점점 뻔뻔스럽게 행동하는 조수들을 내쫓을 방도를 마련하자고 제안한다. 방 안이 견딜 수 없을 만큼 추웠기 때문에 K는 불을 더 지피려고 도끼를 찾아 나선다. 조수들이 도끼를 찾아와서 모두 장작을 꺼내려고 창고로 향한다. 잠시 후 장작 창고의 문은 도끼에 의해 부서지고 교실에는 순식간에 장작이 쌓이기 시작한다. 난로 주변은 너무 더워 이불이 거의 필요 없을 정도가 된다. K와 프리다는 따뜻하고 아늑해진 교실 분위기에 만족해하며 자리에 누워 잠을 청한다.

다음 날 아침 등교한 학생들은 낯선 사람들이 옷까지 벗고 잠을 자는 모습을 발견하고 깜짝 놀란다. 그들이 옷을 입고 있을 때 여선생인 기자가 나타나더니 아침 늦게까지 교실을 잠자리 삼아 뒹굴고 있는 그들의 행동을 트집 잡아 불평을 늘어놓는다. K와 프리다는 옷을 다 입은 후 조수들과 함께 교실 청소를 시작한다. 그때 예전의 그 선생이 장작을 꺼내고 있던 조수 두 명의 멱살을 잡고 K에게 다가와 창고 문을 파손한 책임을 물어 학교에서 나가줄 것을 요구한다. K는 선생이 자신의 상관이긴 하지만 일자리를 준 사람은 면장이기 때문에 면장의 해직 통보 외엔 어느 누구의 명령도 받아들일 수 없다며 거부한다. 이 점에 대해 선생은 여선생과 상의를 하는데, 여선생이 경찰의 힘을 빌리자고 제안하지만 선생은 반대한다. 결국 두 사람은 학생들이 딴 교실로 옮겨가서 그 반 학생들과 함께 수업 받는 것으로 의견 일치를 본다.

조수들과 한스

사람들이 모두 방에서 나가자 K는 조수들을 밖으로 내보낸다. 닫힌 문을 두드리며 들어가게 해달라고 애원하는 그들에게 K는 조수 직에서 해고한다고 소리친다. 선생이 나타나 그들을 들여보내라고 부탁하지만 K는 거절한다. 밖에서 얌전히 기다리면 방 안으로 들여보내줄 거라고 조수들을 달랜 후 선생은 가버린다. 그러나 조수들이 여전히 소란을 피우자

선생이 다시 나타나 그들을 학교 건물 밖으로 내쫓아버린다. 방 안에 남은 프리다는 K에게 이런 생활은 더 이상 견딜 수 없다면서 K가 함께 간다면 어디 다른 곳으로 이주하고 싶다고 말한다. 그러나 K는 이곳에 정착하려고 왔기 때문에 다른 곳으로 갈 수 없다고 대답한다. K는 이곳이 프리다의 고향이지만 클람이 없어서 절망적인 생각에 빠져 있는 거라고 말한다. 그녀는 사실 클람을 피하려고 떠날 마음을 먹은 거라고 대답한다. 클람이 지금도 그녀에게 연락하느냐고 K가 묻자 대답을 피하기 위해 프리다는 조수들을 클람이 파견한 사람들이라고 둘러댄다. 그녀는 조수들이 클람의 사람들이어서 차라리 두 사람을 다시 받아들이는 것이 합리적이라고 주장한다. K는 클람에게서 받은 편지 내용으로 미루어 클람은 조수들로부터 완전히 잘못된 보고를 받고 있다는 사실을 이미 알고 있으며, 따라서 조수들은 클람에게 그리 중요한 존재가 아니라고 주장한다. K는 프리다와 조수들 중 하나만 선택하라면 주저 없이 프리다 편에 설 것이며 조수들과는 인연을 끊겠다고 선언한다.

잠시 후 K와 프리다가 일하려고 자리에서 일어나자 한스 브룬스비크라는 작은 남자 아이가 도와줄 일이 있다며 은밀하게 찾아온다. 한스는 전에 K가 라제만의 집을 방문했을 때부터 이미 알고 있는 사이였다. 그곳에서 K는 한스 어머니도 보았는데, 그들은 라제만의 집에 목욕하려고 들렀다고 했다. 구두 가게 주인의 아들인 한스는 학교 선생들이 K에게 더 이상 잔소리하지 않도록 도와줄 수 있다고 말한다. 그런 식의 도움은 필요 없다는 K의 대답에도 불구하고 한스는 만약 자기가 할 수 없더라도 어머니에게 부탁하면 틀림없다고 재차 도움을 약속하지만, 실제로 한스의 제안은 병든 어머니를 치료하기 위한 것이다. 한스의 이야기를 들으면서 K는 문득 면장이 한스의 아버지가 측량기사를 초빙하자고 제안한 사람들의 대장 격이라고 말한 사실을 기억해낸다. 따라서 K는 학교 선생이나 마을 면장에게 대항하기 위한 일종의 방패로 한스의 집안을 이용하기로 마음먹는다. 구체적으로 K는 성으로 갈 수 있는 기회가 면장과 선생에 의해 차단되고 그 대신 억지로 학교 급사 자리를 떠맡게 된 일종의 사기 사건에 대한 진실을 성공적으로 밝히기 위해서는 한스를 자기편으로 끌어들이는 것이 무엇보다 중요하다는 결론에 이른다. K는 한스에게 어머니의 병 치료를 돕겠다고 약속한다.

한스가 방에서 나가자마자 선생이 와서 수업을 위해 방을 치우라고 요구한다. K는 선생이 합법적으로 자신을 해고할 수는 없지만 적어도 학교 급사 일과 관련하여 자신을 견딜 수 없을 만큼 괴롭힐 수 있다는 생각이 들어 빠른 동작으로 방을 청소한다. 프리다는 K의 방 청소를 도와주면서 그에 대한 여주인의 말을 전해준다. 여주인의 말로는, K는 프리다를 마치 소유물처럼 생각하고 있으며 클람과의 협상에서 유리한 고지를 차지할 수 있도록 해주는 도구쯤으로만 여길 뿐이라는 것이다. 여주인의 종합적인 견해는 K가 프리다를 알기 전에는 클람을 만날 희망이 전혀 없었지만 그녀를 사귀고 난 지금은 가까운 장래에 클람 앞에 떳떳이 나타날 수 있는 확실한 수단과 방법을 손에 쥐었다고 생각하고 있다는 것이다. 프리다는 여주인의 견해를 옹호하듯 한스와의 대화 장면을 예로 들며 K의 행위를 비난한다. 즉, 그녀는 K가 한스와의 대화에서 그를 동정하는 것처럼 말하지만 결국 그 목적이 한스의 어머니를 차지하기 위한 것이라고 지적한다. K는 프리다에게 여주인의 비난 속에는 프리다와 자신을 서로 떼어놓을 의도가 숨어 있다고 말하면서 그녀의 오해를 풀어주려고 노력한다. K는 선생의 부탁으로 그에게 점심 식사를 가져다주려고 여관으로 간다.

아말리아와 올가

어느 날 오후 늦게 학교 교정의 길에 쌓인 눈을 치우고 난 K는 클람에게 간 바르나바스가 아직 돌아오지 않자 초조해진다. K는 바르나바스의 집으로 가서 확인하고 싶지만 평소에 프리다가 그를 별로 좋아하지 않아서 주저한다. 프리다가 있는 자리에서 바르나바스의 방문을 받지 않으려고 K는 계속 바깥에서 바르나바스를 기다리지만 끝내 그는 모습을 보이지 않는다. K는 바르나바스의 행방을 알아보려고 그의 누이들인 올가와 아말리아에게 가보았으나, 올가는 없고 그의 늙은 부모와 아말리아만 보인다. K는, 피곤해서 자리에 누워 있는 아말리아로부터 바르나바스는 아직 돌아오지 않았지만 그가 절대로 성에서 묵는 일은 없기 때문에 틀림없이 곧 돌아올 거란 말을 듣는다. 순간 K는 그녀의 고독하고 슬픈 눈에서 현실과 결코 타협하지 않으려는 진실하고 사랑스런 눈빛을 발견한다. 올가를 기다리느냐는 아말리아의 물음에 K는 집에서 약혼자가 기다리고 있기 때문에 그 집에 오래 머물 수 없다고 대답한다. K가 프리다의 이름을 말하지만 아말리아는 그녀를 알지 못한다. 아말리아는 올가도 두 사람의 약혼에 대해 아느냐고 묻는다. K가 알 거라고 대답하자 그녀는 올가가 K를 사랑하고 있기 때문에 그걸 알면 아주 불행해질 거라고 강조한다. 아말리아는 K의 방문이 사실은 올가 때문이라는 것을 알고 있기에 어려워 말고 자주 놀러오라고 말한다. K가 자신은 이미 약혼한 사람이라고 강변하지만 아말리아는 그 약혼을 그렇게 심각하게 받아들이지 않는다. 비록 K가 약혼했다 하더라도 아말리아에겐 홀로 자기 앞에 서 있는 그의 직접적인 인상이 더 중요하게 느껴진다. 두 사람이 프리다에 대해 이야기하는 동안 올가가 장작을 한쪽 팔에 안고 방으로 들어온다. 방 안에 들어선 올가는 K에게 인사하면서 프리다의 안부를 묻는다. K는 프리다의 새로운 생활에 대해 꽤 자세하게 설명하면서, 실수로 올가와 아말리아를 집으로 초대한다는 말까지 한다. 초대에 응하겠다는 두 자매의 대답을 들은 K는 곧 아말리아와 프리다 사이가 좋지 않기 때문에 자신이 무심코 던진 초대의 말을 꼭 지킬 생각은 없다고 말한다. 아말리아는 K에게 자신과 프리다는 사이가 나쁜 것이 아니라 그저 세상 사람들이 그렇게 말할 뿐이며, 올가와 함께 방문한다는 것도 농담으로 한 것이니 신경 쓰지 말고 돌아가라고 말한다. 또한 그녀는 K가 바르나바스에게 볼일이 있다는 핑계로 가끔 자기네들을 보러 왔으면 좋겠다고 말하며 K의 얼굴을 주시한다. 자신이 바르나바스를 기다리는 마음이 진심이 아니라는 사실을 꿰뚫어보고 있는 아말리아 앞에서, 당황한 K는 적당한 대답을 찾지 못한 채 바르나바스에 대한 이야기를 서둘러 끝마친다. 아말리아가 작별 인사도 없이 가버린 후 올가는 약간 놀란 표정으로 서 있는 K를 안락의자로 데리고 간다. 올가는 K에게 자기 집안의 모든 결정권을 쥐고 있는 아말리아는 바르나바스나 자신에 관한 일에는 조금도 관심이 없다고 말한다. 아울러 그녀는 편지 배달꾼으로서 바르나바스 역할의 문제점에 대해 K에게 상세히 말해준다. K 또한 바르나바스가 자신의 임무를 수행하기에는 너무 나이가 어리다는 점과, 성 당국에 대해 지나치게 공포심을 느끼고 있다는 점을 지적한다. 그는 올가에게 바르나바스가 공포심 때문에 성에서 아무 일도 할 수 없으며, 관청에 대한 이러한 두려움은 이 마을 사람들로서는 타고난 것이어서 평생 동안 그 영향을 받게 될 거라고 말한다. 결국 K는 그렇게 젊고 마음 약한 바르나바스를 혼자 성으로 가게 내버려둔 책임이 올가에게 있다고 비난한다. 올가는 K의 질책을 인정하면서도 당시 자기 가족이 처한 어려운 상황 때문에 그렇게 할 수 밖에 없었다고 변명한다. 그녀는 K에게 이런 점에 대해 프리다에게서 아무 말도 듣지 못했느냐고 묻는다. K는 암시는 받았지만 프리다가 바르나바스의 가족을 몹시 싫어하기 때문에 결정적인 이야기는 듣지 못했다고 대답한다. 처음 올가는 K와는 아무 상관 없는 이야기여서 말하지 않으려 했지만 그의 재촉에 결국 바르나바스의 경우와 관련하여 그녀 가족이 겪은 어려움을 K에게 설명하게 된다.

아말리아의 죄

올가는, 아말리아가 약 3년 전에 자신의 아버지가 근무하던 소방대의 축제 때 성의 관리로 참석한 소르티니의 관심을 끌게 되었고, 다음 날 아침 그에게서 성의 관리들의 전용 숙소인 여관 헤렌장으로 오라는 편지를 받았다는 이야기를 해준다. 편지 내용이 너무나 야비한 말로 되어 있어 아말리아를 잘 모르는 사람이 그 편지를 보았다면 그녀를 행실 나쁜 여자로 여길 정도라는 것과, 격분한 아말리아가 그 편지를 찢어 편지 심부름한 사람의 얼굴에 내던지면서 거부 의사를 밝혔는데 그것이 바로 자신의 가족에게 불행을 불러오는 화근이 되었다는 것이다.

올가는 아말리아의 반응과 클람에 대한 프리다의 태도를 서로 비교하면서 은근히 K를 모욕한다. K는 아말리아의 경우와는 달리 프리다는 클람으로부터 그런 추잡한 편지를 받은 적도 없고 실제로 클람을 사랑했다고 말하면서 두 사람의 경우는 서로 다르다고 올가의 말을 반박한다. K는 올가로부터 모든 마을 사람이 이 편지 사건 때문에 그녀의 가족과 관계를 끊게 되어 점점 더 고립되고 경제적으로 어려워졌다는 사실을 알게 된다. 결국 아말리아가 성의 관리인 소르티니에 대항한 죄로 그녀의 아버지는 소방대의 제3지휘자 자리를 박탈당하고 그녀의 가족은 오두막집으로 쫓겨 가게 되어 마을 사람들로부터 멸시까지 당하는 고통을 맛보게 된 것이다. 올가는 자기 가족은 이런 부당한 결과에 대해 말이 많았으나 그 원인을 통찰하고 있는 아말리아만은 진실과 정면으로 맞서 꿋꿋하게 말없이 살아왔다는 이야기도 해준다. 올가는 마을 사람들로부터 자기 가족에게 가해지는 경멸과 멸시는 결국 시련을 적극적으로 대처하고 극복하려는 의지가 확고하지 못한 탓임을 인식한다.

올가는 아버지가 가족의 잘못에 대한 용서를 얻어내기 위해 면장과 비서들, 그리고 변호사들을 찾아다니면서 탄원서를 내려고 했다는 이야기를 들려준다. 아버지의 탄원 내용은 지금까지의 일에 대한 용서를 구하는 것이었지만, 올가 가족의 죄는 당국으로부터도 죄다운 죄로 인정되지 못할 정도로 모호한 것이어서 그녀 아버지의 시도는 대부분 무의미하게 끝났다는 얘기도 한다. 이어서 올가는 우선 아말리아로부터 모욕을 당한 소르티니의 편지 심부름꾼을 찾아내어 달래주려고 2년 이상 일주일에 적어도 두 번씩 하인들과 헤렌장의 마구간에서 숱한 밤을 보냈다고 말한다. 그러나 성의 사무국에서 해고된 그 심부름꾼을 찾으려는 계획은 결국 실패로 돌아갔기 때문에 동생 바르나바스를 성의 새로운 심부름꾼으로 제공함으로써 옛날 심부름꾼이 받은 모욕을 보상해주려는 것이 그녀의 또 다른 계획이라는 것이다. 또한 클람이 K에게 보내는 편지 배달 일을 바르나바스가 하게 된 것은 3년 전부터 지금까지 성이 올가 가족에게 처음으로 보여준 은총의 표시라는 것이다. 올가는 이러한 전환이 이 마을에 정착하러 온 K와 관계가 있고, 자신들의 운명도 K의 손에 달려 있다고 생각한다. 특히 그녀는 바르나바스를 통해 자신의 가족에게 내려진 성의 호의가 계속 이어질 수 있도록 가급적 K와 좋은 관계를 유지하는 것이 중요하다고 판단한다. 그래서 결론적으로 그녀는 K에게 세상 사람들로부터 멸시를 받고 있는 자신들처럼 그도 약혼자 프리다를 통해 세상 사람들의 선입견에 의한 지배를 받기 때문에 자신들은 프리다와의 불필요한 마찰을 피하고 싶다는 생각을 말해준다.

그때 문을 두드리는 소리가 들려 올가가 문을 열어준다. K의 조수 아르투어가 프리다의 부탁으로 K를 찾아왔지만 올가는 그냥 돌려보낸다. K는 프리다와 조수 예레미아스가 함께 있다는 사실이 염려되어 올가로부터 나무 회초리를 얻어서 옆집 정원의 울타리를 넘어 그 집을 빠져나온다. 집으로 돌아가는 길에 K는 조수 예레미아스로부터 그와 아르투어가 클람의 대리인인 갈라터로부터 자신의 마음을 조금이라도 기분 좋게 해주라는 임무를 받고 파견되었다는 사실을 알게 된다. 예레미아스는 K에게 아르투어가 근무를 포기하고 지금은 성에 가서 그에 대한 불평을 늘어놓고 있을 거라고 얘기해준다. 또한 예레미아스 자신은 바르나바스의 누이들에게 마음을 빼앗긴 K로부터 배신당했다고 생각하는 프리다와 눈이 맞아 여관 헤렌장의 객실 담당 급사로 취직했으며 프리다는 다시 술집으로 갔다는 사실을 털어놓는다.

비서 에어랑어

K가 프리다 때문에 예레미아스와 말다툼을 하고 있는 동안 갑자기 골목길에서 바르나바스가 나타나더니 K의 청원서를 클람에게 전달하는 데 실패했다고 말한다. 그러나 그는 클람의 수석비서 중 하나인 에어랑어를 만나는 성과를 올렸다고 떠든다. 그는 K에게 같이 의논해야 할 몇 가지 중요한 일이 있다며 헤렌장으로 급히 와달라는 에어랑어의 말을 전한다. K는 자기보다 먼저 에어랑어를 만나려고 뛰어가는 예레미아스의 뒤를 쫓아간다.

두 사람은 함께 헤렌장 여관에 도착한다. 에어랑어를 만나려고 헤렌장에 모여든 사람들은 건물 안에서 기다리는 것이 허용되지 않아 추운 겨울밤에 몇 시간을 밖에서 대기한다. 한참 뒤 현관문이 열리고 클람의 비서인 모무스가 나타난다. 하인 둘을 대동한 그는 기다리던 사람들 중 에어랑어와의 면회가 제일 먼저 허용된 K와 마부 게르스태커를 찾는다. 그런데 갑자기 예레미아스가 자신을 이곳 여관의 객실 전속 급사라고 소개하자, 모무스는 그를 먼저 집 안으로 들여보낸다. 그 다음으로 건물 안으로 들어간 K와 게르스태커는 복도에서 하인 한 명의 안내를 받는다. 복도를 따라 간 그들은 어느 문 앞에 도착한다. 하인은 그 방에 에어랑어가 묵고 있다고 말해준다. K의 어깨 위에 올라탄 채 위로 뚫려 있는 넓은 틈새로 방 안을 들여다본 하인은 에어랑어가 침대 위에 옷을 입은 채 누워 잠든 것으로 보이니 깰 때까지 방문 앞에서 기다릴 수밖에 없다고 말한다.

문 앞 복도에서 에어랑어가 침대에서 일어나기만을 기다리던 K는 먼발치에서 프리다를 발견하고는 그녀의 마음을 돌려보려고 시도하지만 그녀의 태도는 완고하다. 프리다는 K가 바르나바스의 누이들에게 정신이 팔려 은밀하게 그녀들과 재미를 보고 있다고 비난한다. K는 화제를 다른 쪽으로 돌려보려고 프리다에게 먹을 것을 좀 갖다달라고 부탁한다. 잠시 후 프리다가 자기 방에서 먹다 남은 음식 찌꺼기를 가져다주자, K는 말없이 맛있게 먹기 시작한다. 프리다의 방으로 가자는 K의 요구를 예레미아스가 있다는 이유로 거절하면서 프리다는 K에게 버림받은 처지에 어릴 때 소꿉친구였던 예레미아스와 서로 좋아하는 마음이 생겨 이곳 여관으로 도망쳐 온 것이라고 자신의 현재 상황을 설명한다. K는 사실은 예레미아스가 조수로 근무하는 동안에도 늘 프리다에게 마음이 팔려 있었고 그녀에 대한 육체적인 접근 시도는 클람의 그것과 비슷하다고 비난한다. 예레미아스를 비난하는 K의 말을 들으면서 그녀는 학교 교실로 오던 날 밤에 차라리 다른 곳으로 이사를 갔더라면 두 사람은 아무 문제 없이 잘 지낼 수 있었을 거라고 생각한다. 그때 K 때문에 감기 몸살이 나

몰골이 말이 아닌 예레미아스가 나타나자, 프리다는 K를 내버려둔 채 그를 간호해주려고 방으로 데리고 들어간다.

비서 뷔르겔

프리다가 마룻바닥에 놓고 간 식사 쟁반 위에 있던 럼주 작은 병을 다 마신 K는 에어랑어를 다시 찾아 나선다. 그러나 하인과 게르스태커의 모습은 온데간데없고 모든 방문은 똑같이 되어 있어 K는 혼란에 빠진다. 그는 복도를 따라 가면서 짐작되는 방문을 하나 열어보려고 결심한다. 만일 다른 사람의 방이라면 실례했다고 양해를 구하면 그만이지만 빈방일 경우 난처할 것이라는 생각이 든다. 이 경우 K 자신이 침대 속에 들어가 이것저것 생각 없이 푹 자버리고 싶은 유혹을 떨칠 수 없을 것 같은 생각이 들었기 때문이다. 기다란 복도는 인기척 하나 없이 깊은 고요와 정적 속에 파묻혀 있다. 그는 어느 문 하나에 귀를 대고 방 안의 동정을 살핀다. 가만히 문을 두드려보지만 아무 반응이 없어 K는 문을 살짝 열어본다. 그러자 침대 속에 이불을 덮고 누워 있던 한 사람이 "누구야?" 하고 속삭이듯 묻는다. K는 침대가 비어 있지 않아 실망하며 자기 이름을 말한다. 이불을 발로 걷어차고 침대 위에 일어나 앉은 그는 자신을 성의 관리 프리드리히의 비서 뷔르겔이라고 소개한다. K는 에어랑어 비서의 호출을 받고 그를 찾아 나섰다가 방을 잘못 들어왔다고 사과한다. 뷔르겔은 다시 나가려는 K에게 지금 새벽 4시이니 잠시 기다리다가 5시쯤이 되면 호출에 응하라고 조언한다. 뷔르겔이 권하는 대로 침대에 걸터앉은 K는 피곤한 나머지 침대 기둥에 몸을 기댄다. 침대에 누워 잠을 청하고 싶은 K에게 뷔르겔은 자신은 연락비서관으로서 성과 마을 사이의 연락에 관한 일을 담당하고 있다고 말한다. K는 자신은 측량기사인데 일거리를 받지 못하고 있다고 말한다. 그러나 K는 뷔르겔과의 이런 식의 화제에는 전혀 관심을 두지 않고 오직 뷔르겔이 빨리 잠들었으면 하고 바랄 뿐이다. 뷔르겔은 K의 상황이 매우 이상하다며 이 사건을 앞으로 조사해볼 생각이 있다면서 그런 일로 걱정되지 않느냐고 묻는다. K는 자신도 그 일로 고민하고 있다고 말하면서도 혼자서 빙그레 웃는다. 실은 그런 일로 그는 조금도 고민한 적이 없었던 것이다. 뷔르겔이 메모장에 K에 대한 일을 기록하면서 사건을 성에서 해결해주겠다고 제안하지만, K는 감명을 받기는커녕 제3자의 쓸데없는 간섭 정도로 생각해버린다. 뷔르겔은 K가 실망해서 겁을 먹거나 의기소침해서는 안 되고 어떡하든 장애를 뚫고나가야 한다고 충고한다. 뷔르겔의 말을 들으면서 K는 이제 자신과 관계있는 모든 일에 싫증을 느끼기 시작한다. 그는 마침내 자신에게 도움을 주려는 뷔르겔의 얼굴을 보지 않으려고 고개를 옆으로 돌려버린다. 뷔르겔이 비서들의 신문(訊問) 시간이나 방식에 대해 열변을 토하는 동안 K는 졸음을 참지 못하고 꾸벅꾸벅 졸기까지 한다. 뷔르겔이 비서들과의 관계에서 사건 진정인들의 자세와 마음가짐에 대해 장황하게 설명하고 있지만, 이런 모든 것에 전혀 관심이 없다는 듯 K는 점점 더 깊은 잠 속으로 빠져든다. 결국 K의 청원을 들어줄 만한 모든 조건을 갖춘 신청서를 제출할 유일한 기회를 뷔르겔이 제공하는 셈이지만, K는 때마침 몰려온 잠 때문에 이런 상황을 제대로 이해하지 못한다.

그때 벽을 두드리는 소리에 K는 잠을 깬다. 뷔르겔은 측량기사가 있으면 자기한테 보내달라는 목소리의 주인공이 에어랑어라고 말한다. 뷔르겔은 K에게 자기네들이 너무 큰 소리로 떠들어서 에어랑어를 화나게 했다며 그에게 빨리 가보라고 말한다. 깊은 잠에서 깨어난 K는 정신이 멍하고 온몸이 쑤시고 아파 주위에 있는 물건에 의지해 겨우 몸을 일으킨다. 그리고 이미 오래 전에 작별인사를 나누기라도 한 듯 뷔르겔에게 인사도 없이 방을 나간다.

복도에서
열린 문 앞에서 에어랑어가 집게손가락을 까딱이면서 신호를 보낸 덕분에 K는 그의 방을 찾아갈 수 있게 된다. 이미 성으로 떠날 채비를 다 갖춘 에어랑어는 K에게 자기를 진작 찾아왔어야 했다고 말한다. K가 변명하려고 하자 그는 그런 것은 들을 필요도 없다는 표정을 지으며 프리다에 대해 말을 꺼낸다. 그는 자신과 같은 비서는 클람에게 즐거움을 주어야 하고, 또 그에게 방해되는 일은 즉시 제거해야 하는 의무가 있다는 점을 강조한다. 따라서 그는 K에게 전에 가끔 클람의 맥주 시중을 들었던 프리다가 즉시 술집으로 되돌아가게 조치를 취해달라고 요구한다.

에어랑어와 헤어진 후 K는 아침 5시경에 복도에서 하인들이 서류를 방으로 배달하는 모습을 흥미롭게 바라본다. 하인 하나가 수레를 밀고 다른 하인이 손에 든 목록과 방 번호를 맞춰본 후 해당 서류를 방 안으로 넣고 있다. 그러나 K가 관심 있게 관찰한 결과 목록이 서로 일치하지 않거나 하인들이 제대로 구별하지 못해 잘못 배분되기도 한다. 이미 배분된 것이 취소되기도 하여 수레가 되돌아올 때 문틈으로 서류가 반환되면서 입씨름이 벌어지는 경우도 있어서, 매끄럽지 않게 진행되는 서류 배분을 둘러싸고 관계된 모든 사람 사이에 일대 소동이 벌어지기도 한다. 이런 불안정한 상황 속에서 K는 뷔르겔의 방문이 그동안 계속 닫힌 채로 있었고, 그에게는 서류가 한 장도 분배되지 않았다는 사실을 알아차린다. 비어 있다고 추측되는 몇 안 되는 방처럼 뷔르겔의 방이 서류도 받지 못한 채 무시되고 있는 이유가 궁금해진 K의 눈에 하인의 실수로 여전히 수레 속에 그냥 남아 있는 쪽지 한 장이 들어온다. 그것이 자신의 서류일지도 모른다는 생각이 불현듯 K의 머릿속을 스치고 지나간다. 유심히 그 쪽지를 들여다보고 있는 하인에게 다가가려던 K는 그 하인이 보조 하인에게 손가락을 입에 대고 입 다물라는 신호를 보내면서 쪽지를 찢어 주머니 속에 넣는 모습을 발견한다. 하인 두 사람이 수레를 끌고 가버린 후 자신의 의견에 동의하는 사람들을 위해 방 안에서 소리치는 역할을 맡은 사람이 고함 대신에 초인종을 요란하게 누르기 시작한다. 벨소리에 달려온 여관 주인 부부는 복도에서 그런 광경을 바라보는 K에게 비난의 말을 퍼붓는다. 비난의 요지는 K가 이 복도에 있어서는 안 된다는 것이다. K가 허용될 수 없는 장소에 어쩔 수 없이 소환된 것이라면 신문을 받은 후 빨리 사라졌어야 했다는 것이다. 결국 핵심 관계자 외에는 아무도 보아서는 안 될 서류 분배를 목격했다는 것이 K의 죄라면 죄인 셈이다. 그러나 K는 자신이 그런 장소에 있어서는 안 될 사람이란 사실을 인식하지 못한다. 여관 주인은 K를 여관에 있는 술집으로 데리고 간다. K는 맥주 통 위에 앉아 지친 몸을 겨우 가누면서 자신이 그렇게 행동한 것은 피로 때문이라고 변명한다. 여주인은 K가 술이 취했다며 술집 여급 페피에게 베개라도 가져다주라고 말하고 나가버린다. 여러 가지 사정 때문에 기진맥진한 K는 헤렌장에서 나오지도 못하고 술집에서 잠들어버린다.

페피

K가 잠에서 깰 때 침대와 맥주 통에서 나는 소리를 듣고 페피가 달려온다. 그녀는 K에게 커피와 과자를 가져다주면서 그가 열두 시간 이상 잤다고 알려준다. 두 사람은 통 위에 나란히 걸터앉아 이야기를 나눈다. 페피는 자신에게 미래에 대한 길을 열어준 것도 K이고, 또 자신을 불행하게 만든 것도 K라고 지적한다. 페피는 프리다와 K 덕분에 지겨운 하녀 생활에서 간신히 빠져나왔지만, K와 헤어진 프리다가 다시 술집으로 돌아오기 때문에 자기는 다시 옛날의 그 생활로 돌아가야 한다고 불만을 털어놓는다. 페피는 K가 매력이라고는 조금도 없는 프리다에게 빠진 것은 단지 그녀가 클람의 애인이라는 이유 때문이고, 바로 그것이 그를 망치게 한 것이라고 지적해준다. 페피는 자신의 꿈이 담긴 술집 여급 자리에서 밀려나 다시 빈손으로 예전 친구들에게 돌아가는 것이 말할 수 없을 만큼 고통스런 일이라고 생각한다. 페피는 K에게 자신이 이 여관의 술집에 근무하는 동안 클람이 한 번도 오지 않은 것이 가장 큰 불행이라고 말한다. 그녀는 클람이 오지 않은 이유를 프리다가 허락하지 않았기 때문이라고 해석한다.

페피는 프리다가 결국 조수들을 이용해 K의 질투심을 불러일으키고, 그것을 핑계 삼아 K와 헤어진 후 술집으로 다시 돌아오려는 술책을 부리고 있다고 비난한다. 페피는 K와 마찬가지로 자신도 프리다에게 속은 사람이니 자기 여자 친구들이 있는 방으로 가서 같이 지내자고 K를 유혹한다. K는 술집 여급이라는 자리가 애당초 그녀에게 어울리는 자리가 아니라며 차라리 객실 담당 하녀가 더 낫다고 말해준다. 여관 하녀는 항상 성의 비서들 아래서 일하지만 이곳 술집에서는 고급 비서는 물론 신분이 훨씬 아래인 사람들까지도 접대해야 하기 때문이라는 것이다. K는 전체적으로 볼 때 프리다에 대한 페피의 비난은 잘못된 것이라며 프리다를 변호한다. 페피는 프리다가 도망쳤기 때문에 K가 그녀를 더 그리워하는 것이라며 다시 한 번 자기 친구들에게 가서 같이 지내자고 애원한다. K가 페피의 집요한 요구에 긍정적인 반응을 보이려는 순간, 여주인이 갑자기 나타나 그들의 대화를 방해하면서 K를 자신의 사무실로 오라고 한다. 여주인이 앞장서서 밖으로 나가자 페피가 달려와 한 시간쯤 후에 K가 약속한 곳으로 오면 문을 열어주겠다고 한다. 술집 맞은편에 있는 사무실에서 K를 내다보고 있던 여주인은, 할 말이 있다며 현관에서 K를 기다리던 마부 게르스태커를 발견하고는 내쫓으려 한다. 사무실에 들어선 K는 그녀가 입고 있는 옷은 여주인에게는 도무지 어울리지도 않고 마을에서도 그런 옷은 아무도 입지 않는다고 지적해준다. 아울러 K는 복잡하게 꾸며진 이 구식 옷을 입는 것으로 보아 그녀는 단순히 여관 여주인이 아닌 무언가 다른 목적이 있는 사람이라고 말한다. 여주인의 사무실에서 나온 K는 마부 게르스태커와 함께 그의 집으로 향한다.

3 관련서 및 연보

프란츠 카프카의 다른 작품들을 몇 편 소개한다.

「선고」는 주인공인 아들과 아버지, 그리고 주인공과 친구와의

자기 정당성 투쟁을 통해 카프카를 포함한 서유럽 유대인들의

지적 갈등과 정신적 좌표를 그려내고 있다.

예술의 완전성에 대한 집념을 단식의 행위로 웅변해주는

한 예술가의 비극적 삶을 치열하게 묘사한 「단식 예술가」는

1922년 극심한 기근에 시달리던 러시아의 당시 상황 때문에

발표 당시에는 독자들의 관심을 크게 불러일으키지 못했다.

비현실적인 줄거리 때문에 카프카의 가장 시적인 산문으로 간주되는

「시골 의사」에서 사용된 몽환적인 비유적 언어는

카프카와 동시대인인 유대인 화가 마르크 샤갈의 초기 그림에

담겨 있는 환상적이고 초현실적 성격과 비교되기도 한다.

프란츠 카프카 관련서

카프카의 다른 작품들

「선고」

이 작품은 카프카가 1912년 9월 22일 밤 10시부터 다음날 아침 6시까지 약 8시간에 걸쳐 단숨에 집필했으며, 작가가 생전에 자신의 작품에 대해 만족감을 표시했던 몇 안 되는 작품 중 하나로 알려져 있다. 많은 비평가는 1916년에 발표된 이 작품을 카프카 문학의 비의적인 내용을 해명하는 일종의 열쇠에 해당된다고 주장하고 있다.

「아버지께 드리는 편지」에서처럼 이 작품에서도 절대로 극복할 수 없는 강력한 현상으로서의 아버지의 모습이 뚜렷이 각인되어 있다. 아버지에 대한 아들의 사랑과 증오의 이중적 태도와 감정이 이 작품의 핵심적인 내용이며, 이는 카프카의 다른 작품들과 공통분모를 형성한다는 점에서 특정한 상징성과도 연결될 수 있다. 카프카의 정신세계의 근원적인 토대가 되는 유대교와의 관련성에서 볼 때, 특히 「선고」는 의미가 크다. 이 작품은 그 내용의 다층적 상징성 때문에 카프카의 그 어떤 작품보다도 더 폭넓게 해석의 다의성이 허용된다. 작품의 핵심은 아버지가 아들의 약혼녀를 창녀로 간주하고 아들을 비난하면서 익사형의 선고를 내리는 상황과 관련하여, 그러한 아버지의 권리는 어디에서 오는 것이며, 동시에 기꺼이 아버지의 명령에 따르는 아들의 자살 동기는 무엇인가 하는 것이다.

이 작품이 유대인의 속죄일 바로 다음 날 집필되었다는 사실은, 내용상 유대인들의 속죄일인 욤키퍼와 관련된 다양한 제식(祭式)과 신화의 모티프가 사용되었다는 주장을 뒷받침해준다. 야훼 하나님 앞에 모든 유대인이 자신들의 죄를 고하는 날의 의식은 원래 고대 예루살렘 사원의 축제력에서 유래된 것으로, 이러한 예배 의식이 자신의 의지와는 관련 없이 카프카의 경험 영역에 그대로 남아 있다는 것이다. 속죄일 전통에서 나온 모티프는 「선고」에서 중심 내용으로 변형되어 나타나는데, 율법에 대한 반항 즉 하나님과의 약속과 복종으로부터의 이탈, 그리고 희생과 속죄의 모티프가 그것이다.

우선 하나님과의 약속과 복종으로부터의 이탈은 「선고」에서 게오르그의 자기 인식 과정에서 일어난다. 이 작품은 러시아에 있는 어린 시절의 친구에게 자신의 약혼 사실을 전하는 편지를 쓰는 장면으로 시작되는데, 여기서 게오르그는 프리다의 약혼 사실 자체를 자신의 죄로 분명히 인식하고 있다.

"게오르그, 당신이 그런 친구를 갖고 있다면 아예 약혼을 하지 않는 편이 좋을 뻔했어요."
"그래, 이건 우리 두 사람의 죄야. 그렇지만 난 지금도 그걸 되돌려놓고 싶은 생각은 없어."

게오르그의 이 고백은 유대교 예식의 하나로서 유대인이 자기 죄를 하나님께 고해하는 참회의 기도문과 내용이 일치한다. 게오르그의 고백은 처음부터 자신의 죄를 인식하고 심지어 완강하게 주장하고 있다는 점에서, 자신이 의도하지 않았고 또 알지도 못했던 죄까지도 하나님께 고백하는 속죄일의 참회의 기도와 구조적으로도 유사한 형태를 보여준다. 구약성서의 핵심이며 유대교에서 율법이라고 부르는 모세 5경 중 제3경인 레위기 속의 '정결의 율법'에 의하면, 유대인이 이방인의 관습에 따라 행동했을 경우 그는 자신의 부모의 명예 즉 유대인의 정통성을 훼손하는 것이 되고, 이러한 과오는 죽음의 벌을 면치 못하게 된다. 그러니까 유대교적 관점에서 볼 때 그러한 자기 모욕적 행위는 유대인의 자기동일성 포기로서 이교도적인 행위로 간주되며, 그러한 행위에 가해지는 사형선고에는 희생양을 통해 하나님의 분노를 약화시키는 상징적인 의미가 내포되어 있다. 율법에 대한 반항적인 행위의 결과, 하나님과의 약속을 이탈하는 행위는 주로 이교도 여자와의 관계로부터 시작되는데, 모세 4경 민수기에 대제사장 비느하스는 이교도 여자와의 육체적 타락 행위가 우상 숭배 의식의 하나로서 유대적 정신세계의 타락으로 연결된다는 점을 경고하고 있다.

가족 속에 이방인으로, 말하자면 「선고」의 친구처럼 러시아적 고독 속에서 살아왔던 카프카는 이 작품에서 주인공인 아들과 아버지, 그리고 주인공과 친구와의 자기 정당성 투쟁을 통해 카프카 자신을 포함한 서유럽 유대인들의 지적 갈등과 정신적 좌표를 지적해내고 있다. 서유럽 유대인의 세속적인 삶의 방식과 유대적 전통과의 모순적 관계에서 기인하는 이러한 갈등은 특히 작품에서 아들과 신의 모습을 암시하는 아버지와의 대립으로 시작된다. 작품에서 아버지에 대한 아들의 생각은 이중적이다. 즉, 처음엔 어둡고 낡은 방에 계시는 아버지를 자신이 결혼하면 새집에서 잘 부양하겠다고 하더니, 다음엔 "넘어져서 부서지라지." 하고 아버지의 파멸을 고대하기까지 한다. 이러한 저주는 마지막에 가서 "부모님, 전 항상 부모님을 사랑했습니다."라는 고백으로 다시 바뀐다. 아버지에 대한 게오르그의 이러한 시각의 변화는 유대 민족의 해방의 역사와 관련이 있다. 유대인들의 시오니즘 운동은 종교적 여러 분파를 하나의 통합된 국가 속에 통합시키는 시도와 무관하지 않다. 따라서 시오니즘에 입각한 개혁 유대주의의 핵심은 기독교적인 주변 세계에 맞춰 유대적 전통의 낯선 제식과 삶의 방식을 수정하려는 데 있다. 이러한 전통과 개혁 사이에서의 갈등과 관련하여 「선고」는 유대교 율법을 시민사회에서 타협적으로 유지시키고 주변 세계와의 갈등을 완화시키려는 개혁적 유대주의의 제반 풍조들을 카프카 자신과 함께 심판대에 올리고 있다. 특히 게오르그와 프리다와의 약혼으로 상징되는, 이러한 개혁적 유대주의의 동화 정책에 대한 카프카의 비판적 태도는 당시 시오니즘 작가로 간주되고 있던 친구 막스 브로트를 "뭔가 기혼 남자 같은 점"이 있다고 비난한 대목과, 특히 작품에서 친구와 약혼녀 사이를 이어주려고 게오르그가 작성했던 편지가 아버지에 의해 거짓 편지로 밝혀지는 장면에서 확인된다. 작품을 통해 카프카가 자신에게 내린 선고는 전통적인 유대주의에 대한 개혁적 분위기 속에서 침묵을 강요당하는 동유럽 유대인의 대변자로 거듭날 것을 암시하고 있다. 「선고」는 동서 유럽의 유대인의 정신세계를 게오르그와 친구의 모습을 통해 서로 대비적으로 형상화하고 있는데, 친구의 모습은 현대

서유럽 유대인들의 잃어버린 진정한 자아를 상징한다. 그들은 근대에 들어와 신속하게 진행되는 모든 세속화 과정에도 불구하고 유대주의적 전통을 고수하려는 진정한 유대인으로 묘사된다. 친구와 아버지를 배신하려는 게오르그의 행위에도 불구하고 마치 예술 그 자체처럼 삶과의 관계에서 문제가 되어버린 고대 유대의 율법을 향한 의지는 여전히 그에게 남아 있다. 말하자면 율법을 충실히 지키면서 자기동일성을 유지하는 친구는 아버지와 아들 사이의 관념적 공통분모인 셈이다.

사실 역사적으로 볼 때 서유럽 유대인들은 니체로부터 신의 죽음으로 선고받은 근대 이후 신과 유리된 채 세속적으로 성공적인 삶을 살아왔다. 반대로 친구로 상징되는 동유럽 유대인들에게는 마치 「선고」 속에서 그려진 러시아 혁명의 혼돈 상태에서처럼 유대 율법의 계승을 위해서는 삶의 안락함과 물질적 보호막 대신 고통과 희생이 강요된다. 고향에서의 출세에 불만을 품고 굳은 결심으로 러시아로 떠나간 친구는 스스로 고통과 고독의 삶을 짊어진다. 그러나 현실에서 율법과 삶을 적당히 융화시키며 성공적으로 살아가는 게오르그로서는 친구가 자진해서 받아들이는 고통의 의미를 알지 못한다. 친구가 그에게 러시아로 이주해서 페테스부르크에 게오르그 분점을 설치할 것을 설득하지만, 그는 현실적인 사업이 남기는 이윤의 규모에만 만족하고는 굳은 결심으로 자기 사업을 해나

갈 뿐이다.

고향을 등지고 자진해서 객지로 떠나간 친구의 모티프를 통해 카프카는 유대적 전통을 진지하게 다시 받아들일 수 있는 가능성을 타진해본다. "죽음에 나의 몸을 내맡길 수 있을 거야. 아버지에게로 회귀. 대속죄일." 등 카프카가 일기에 기록한 이와 같은 부정적인 종말론은 지상에 왕국을 건설하려는 기독교 교회나 시오니즘의 구원론에는 배치된다. 유대교적 대속죄일의 전통은 삶의 소멸을 통해 절대적인 것에 도달하는 것을 핵심으로 삼고 있기 때문이다. 예수는 십자가에서 율법을 위해 죽은 유대인 순교자일 뿐이며 순교 그 자체가 삶에 대한 저주라는 서유럽 지식인들의 시각과는 달리, 카프카는 죽음을 통해 절대적인 것과 삶의 완성으로 나아가는 과정을 중시한다.

한때 아버지가 엄숙하게 유대교 제식을 거행하는 모습을 웃기는 코미디라고 한 바 있는 카프카는 작중 인물 게오르그로 하여금 엄숙한 유대인 제식 복장을 연상시키는 바지를 입은 아버지를 "코미디언"이라고 부르게 한다.

이러한 게오르그의 행위에 대한 심판 과정을 통해 카프카는 순교의 이념을 이교도적인 시학으로 폄하시킨 지식인의 글과 자신의 작품을 동일시한다. 그래서 아버지의 선고를 묵묵히 받아들이는 게오르그의 행위는 카프카에게 작가로서 자신을 새롭게 이해하는 또 하나의 문학적 가능성이나 다름없다. 이러한 새로운 가능성을 통해 카프카는 작가란 인류의 속죄양이라는 자기 인식으로 나아간다. 그러니까 이러한 자기 인식은 카프카로 하여금 유대 민족의 율법으로부터 멀어진 서유럽 유대인의 정신적 한계인 초월의 불가능성과 죽음의 불안에 대항하여, 신과 유리된 상태에서의 세속적 현상의 종말을 서술하도록 한다.

그는 예술적 순교의 가능성과 그 의미에 대한 천착을 자기 삶의 최종 목표로 삼는다. 그의 최종 목표는 선량한 한 인간이 되는 것이며, 가장 높은 사회적 심급에 부합하는 것이 아니라 자기 내면에 존재하는 천박한 것들을 모든 사람의 눈앞에 적나라하게 드러내놓는 것이다. 자신을 비롯하여 그 시대의 모든 부정적인 것을 대변하려는 카프카의 속죄양의 역할은 문학적으로 변용된 유대주의적 전통의 핵심적 요소가 된다. 카프카의 내면에 도사리고 있는 천박함의 존재는 순교를 강요하는 초월적 요구와 세속적인 것으로 마감하는 동물성의 요구 사이에서 방황하는 인간의 분열된 본질과 관련이 있다. 초월과 세속이라는 두 가지 삶의 가능성은 각각 율법으로부터 자유롭다는 점에서는 공통분모를 갖는다.

창녀를 취하는 천박함은 근본적으로 순수하다. 자연적인 인간은 지금까지의 것보다 더 나은 삶을 알지 못하기 때문이다. 오직 결혼을 수단으로 정신의 법과 자연스런 삶을 중개하려는 인간의 시도만이 심판대에 서는 것이다. 게오르그를 죽음의 심판대에 세우면서 아버지는 이렇게 선고하고 있다.

넌 이제 너 이외에도 무엇이 있는지 알고 있어. 지금까지 넌 너 밖에 몰랐지. 정확히 말하면 넌 순진한 아이였지. 하지만 더 정확히 말하면 넌 악마 같은 인간이었어.

순교자의 죽음은 율법을 완성하고 자아를 절대적인 것 속에 세운다. 율법이 없는 삶은 죽음으로부터 처벌도 보상도 기대할 필요가 없다. 현실에서의 초월성은 삶의 경계로서 오직 죽음 속에서만 경험될 수 있다. 자살의 이념 속에서만 자신의 삶을 스스로 결정하는 자유가 표명되기 때문에 게오르그의 죽음은 인간의 감각적인 실존 속에 숨어 있는 불멸의 것 즉 자유를 초월의 경험으로 밝혀주는 것이다. 즉, 게오르그는 의식적인 죽음의 순간에 순수의 유년 상태로 돌아간다. 게오르그는 육체적이며 지상적인 것에 대한 완전한 부정을 통해 흙 속에 갇혀 있던 자신의 영혼을 지상을 향해 자유롭게 비상하게 함으로써 구원의 단계에 접근하지만, 이와는 반대로 카프카 자신은 페테스부르크의 친구에게 가는 길을 일생 동안 유보하게 된다.

「단식 예술가」

이 작품은 1922년 『노이에 룬트샤우』지에 처음 발표되었으며, 그 후 1924년 같은 제명의 작품집 속에 「최초의 고뇌」「작은 여인」「요제피네, 여가수 또는 쥐들의 족속」과 함께 수록되어 출판되었다. 예술적 행위로 단식을 선택한 한 남자의 비극적 삶을 치열하게 묘사한 이 작품은 1922년 극심한 기근에 시달리던 러시아의 당시 상황 때문에 독자에게는 그리 호평을 받지 못했다.

"지난 수십 년 동안 단식예술가에 대한 관심은 매우 줄어들었다."라는 작품의 첫 문장은 작가의 시대적 배경과 무관하지 않다. 현실에서 단식 예술의 역사는 1880년대로 거슬러 올라간다. 1880년 7월 미국 뉴욕에서 헨리 탠너라는 의사가 40일간 단식하여 세계 기록을 세운 이래로 많은 모방자가 생겨났는데, 그중 일부는 과도한 단식으로 목숨을 잃기도 했다. 제1차 세계대전 발발 전에는 관련 잡지에 단식 예술가를 "인기 있는 기형적 인간"으로 소개하는 광고가 실릴 정도였던 이 단식 예술에 대한 관심은 전후 유럽에서 발생한 기아 사태로 점차 사라졌다.

「유형지에서」

1919년에 발표된 이 작품은 1914년 10월, 그러니까 『심판』을 집필하던 기간에 이미 완성을 보았다. 카프카는 1914년 7월 펠리체 바우어와 파혼한 후 오직 작품 집필에만 매달렸으며, 같은 해 10월 초에 그는 2주 정도 여행을 했다. 이 시기에 그는 『아메리카』의 마지막 장을 쓰고 난 후 불과 며칠 만에 「유형지에서」를 탈고했다. 이 작품 구상에는 프랑스의 저널리스트 옥타브 미르보의 소설 『고문의 정원』(1899)이 많은 영향을 주었다는 것이 카프카 비평가들의 일치된 견해이다.

어느 탐험 여행가는 열대의 섬에 위치한 유형지의 사령관으로부터 초대를 받는다. 명령 불복종과 상관 모욕죄로 처형되는 한 병사의 사형 집행 현장을 같이 보자는 것이다. 복종의 의무를 위반했다는 모호한 죄에 대한 야만적인 고문대의 죽음 속에는 희생의 죽음과 구원이라는 서양의 기독교적 순교 사상이 왜곡되어 있다.

『아메리카』

1927년에 발간된 이 책의 출판업자에 의하면, 카프카는 이 작품에서 가장 현대적인 도시 뉴욕의 모습을 그리려고 했다. 특히 아르투어 홀리춰의 체험기 『아메리카의 오늘과 내일』(1911~1912)과, 프란티쉑 조우쿱의 『아메리카』(1912)에서 카프카는 작품 구상을 위한 많은 참고 자료를 제공받았다. 카프카는 자신이 좋아하던 작가들 중 한 사람인 찰스 디킨스에게서 문학적 공감을 받게 되는데, 이런 점에서 두 작가의 주인공인 칼로스만과 데이비드 카퍼필드와의 유사성은 인정된다. 1917년 10월 카프카가 이 작품이 전적으로 디킨스 모방이라고 스스로 비판할 정도로 이 작품의 개별 모티프와 줄거리, 문체는 디킨스적인 것과 관련이 깊다.

「시골 의사」

1919년에 출판된 이 작품은 비현실적인 줄거리 때문에 카프카의 가장 시적인 산문으로 간주된다. 이 작품에서 사용된 몽환적인 비유적 언어는 카프카와 동시대인인 유대인 화가 마르크 샤갈의 초기 그림에 담겨 있는 환상적이고 초현실적 성격과 비교되기도 한다. 카프카는 자신이 정신적으로 가장 의지했던 외삼촌 지그프리트 뢰비가 의사로 일하고 있던 시골 마을 트리쉬를 자주 방문하면서 이 작품을 구상했다. 그런데 정작 문학에 관심이 컸던 카프카의 외삼촌 지그프리트는 이 작품에 대해 어떠한 언급도 남기지 않고 있다. 아마도 카프카가 이 작품을 외삼촌에게 한 번도 보이지 않았을 가능성도 인정된다. 이 작품이 시골 의사들의 상황에 대해 우호적으로 언급하지 않고 있다는 것과, 작품 속의 시골 의사와 현대적인 자연요법의 신봉자인 지그프리트 사이에 공통점이 없다는 사실은 그러한 가능성을 뒷받침해준다. 동시에 이 두 인물의 차이점에 대한 인식은 바로 작품 해명의 열쇠가 된다.

참고문헌

Adorno, Theodor W., *Ästhetische Theorie*. Frankfurt 1972.

Allemann, Beda, Kafka. *Der Prozeß*, in, Der deutsche Roman, hrsg. v. Benno von Wiese, Düsseldorf 1963.

Andringa, Els, *Wandel der Interpretation*, Opladen 1994.

Beckmann, Martin, *Franz Kafkas Erzählungen "Das Urteil"*. Versuch einer Deutung. In, Literatur für Leser 90/1, München 1990.

Benjamin, Walter, *Über Literatur*. Frankfurt 1969.

Daemmrich, Horst S., *Themen und Motive in der Literatur*, Tübingen 1995.

David, Claude, *Franz Kafka*. Themen und Probleme, Göttingen 1980.

Elm, Theo, *Problematisierte Hermeneutik*. Zur 「Uneigentlichkeit」 in Kafkas kleiner Prosa. In: DVjs 1976. H. 3.

Emrich, Wilhelm, *Franz Kafka*, Bonn 1958.

Gerhardt, Ulich, *Jüdisches Leben im jüdischen Ritual. 1902~1933*, Heidelberg 1980.

Janouch, Gustav, *Gespräche mit Kafka*. Aufzeichnungen und Erinnerungen. Frankfurt 1968.

Kraus, Wolfgang, *Das Schuldproblem bei Franz Kafka*, Wien 1995.

Mecke, Günther, *"Franz Kafkas offenbares Geheimnis - Eine Psychopathographie"*, München, 1982.

Müller, Michael, *Franz Kafka*, Stuttgart 1995.

Neumann, Gerhard, *Ideenparadiese*. Untersuchungen zur Aphoristik von Lichtenberg, Novalis, Friedrich Schlegel und Goethe. München 1976.

Pikulik, Lothar, *Warten, Erwartung*. Göttingen 1997.

Robertson, Ritchie, *Kafka. Judentum, Gesellschaft, Literatur*, Stuttgart 1988.

Schilling, Heinz, *Welche Farbe hat die Zeit?* Frankfurt am Main 2002.

Simonis, Annette und Linda, *Zeitwahrnehmung und Zeitbewußtsein der Moderne*. Bielefeld 2000.

Speirs, Ronald, *"Das Urteil" oder die Macht der Schwäche*. In, Text+Kritik. Sonderbd.: *Franz Kafka*. München 1994.

Voigts, Manfred, *Franz Kafka, "Vor dem Gesetz"*. Aufsätze und Materialien, Würzburg 1994.

Wagenbach, Klaus, *Franz Kafka*, Hamburg 2002.

프란츠 카프카 연보

1883년

7월 3일 프라하에서 유대 상인 헤르만 카프카(1852~1931)와 율리 뢰비(1856~1934)의 6남매 중 장남으로 태어난다(남동생인 게오르그와 하인리히는 각각 1887년과 1888년에 세상을 떠난다. 여동생인 엘리, 발리, 오틀리에는 1889년에서 1892년 사이에 유대인 수용소 아우슈비츠에서 살해된다).

1889년

프라하에서 초등학교 과정인 독일계 남자초등학교에 입학하여 4년간 다닌다.

1893년

인문계 고등학교 입학하여 1901년 졸업 시험을 마친다.

1896년

6월 13일 유대교의 견진성사를 받는다.

1901년

프라하 대학교에 입학하여 처음엔 화학, 법학으로 공부를 시작하지만 두 번째 학기에 독문학으로 전공을 바꾼다.

1902년

10월 훗날 자신이 죽은 후 자기 작품을 편집하고 출판해준 영원한 친구 막스 브로트를 만난다. 작품「어느 투쟁의 기록」의 집필을 시작한다.

1904~1905년

최초의 문학적 작업의 산물인 노벨레「어느 투쟁의 기록」이 완성된다. 친구 오스카 바움, 막스 브로트, 펠릭스 벨취 등과의 정기적인 만남이 시작된다.

1906년

법학사 국가시험을 마친 후, 같은 해 6월 18일 법학박사 과정에 진학한다. 프라하의 지방법원에서 법원시보로 근무한다.

1907년

「시골에서의 혼례 준비」를 탈고한다. 법원시보를 그만두고 10월부터 프라하의 보험회사에서 견습사원으로 근무한다.

1908년

3월 『관찰』이 격월간지 『히페리온』에 게재된다. 7월에 보험회사 견습사원을 그만두고 7월 30일 프라하의 노동자재해보험공사에 입사하여 임시 공무원으로 근무한다(근무 성적이 우수하여 1913년에 부서기, 1920년에 서기, 1922년에는 서기장으로 승진한다).

1909년

9월 막스 브로트 부부와 북부 이탈리아로 여행한다.

1910년

초여름부터 일기를 쓰기 시작한다. 프란츠 베르펠과 교제하면서 10월 막스 브로트 부부와 베를린, 파리로 여행한다. 1912년까지 프라하에서 체류했던 유대인 연극 단체의 공연을 자주 관람하면서 연극인 지하크 뢰비와 친교를 맺는다. 이때부터 유대교와 시오니즘에 관심이 많아진다.

1911년

여름에 막스 브로트와 함께 스위스, 북이탈리아, 프랑스 등지로 여행한다. 9월 스위스 취리히 근교의 요양소에 체류하면서 동유럽 연극인들과 교류한다. 장편소설 『실종자』를 쓰기 시작한다.

1912년

여름에 막스 브로트와 라이프치히, 바이마르로 여행하면서 3주 동안 하르츠 산맥의 자연치료 요양소 융보른에 체류한다. 8월 13일 막스 브로트의 집에서 펠리체 바우어를 처음 만난 후 9월 20일부터 두 사람 사이의 편지 교환이 시작된다. 9월 22일과

23일 사이에 「선고」를 탈고한 뒤, 다시 「실종자」의 집필을 계속한다. 12월 4일 프라하 작가 모임에서 처음으로 「선고」를 낭독한다. 12월에 『관찰』이 최초의 단행본으로 로볼트 출판사에서 출판된다.

1913년

부활절날 베를린에 있는 펠리체 바우어를 처음 방문한다. 「화부」와 「선고」가 표현주의 문학 시리즈인 '최후의 심판의 날'과 막스 브로트가 편집인으로 있는 문학지 『아르카디아』에 각각 실린다.

1914년

5월 30일 펠리체와의 약혼식에 참석하기 위해 아버지와 베를린으로 간다. 6월 1일 베를린에서 있은 펠리체와의 약혼은 6주도 못 넘기고 7월 12월 파혼으로 끝난다. 8월에 처음으로 자신의 방을 마련하여 『심판』에 착수하는 한편, 10월에 「유형지에서」를 탈고한다.

1915년

1월 중순 여러 개의 작품을 동시에 집필하기 시작하면서 일단 『심판』은 중도 포기한다. 파혼 후 펠리체와 처음 만난다. 「변신」이 『바이센 블레터』지 10월호에 게재되고, 폰타네 문학상을 수상한다.

1916년

4월 14일 로베르트 무질의 방문을 받는다. 펠리체와 교제를 다시 시작하여 7월 그녀와 함께 마리엔바트로 휴가 여행을 떠난다. 11월 「유형지에서」의 낭독회 때문에 펠리체와 뮌헨으로 간다.

1917년

히브리어를 배우기 시작한다. 7월 프라하에서 펠리체와 두 번째 약혼을 하지만, 12월 성탄절날 다시 파혼한다. 8월 첫 번째 결핵 증세를 보인 후 9월 4일 폐결핵 진단이 내려진다. 북부 보헤미아 취라우에 있는 누이동생 오틸리에의 집에서 요양한다.

1918년

4월부터 5월까지 취라우에서 돌아와 다시 보험공사에 근무한다. 10월부터 11월까지 심한 유행성감기에 걸려 북부 보헤미아의 쉘레젠에서 요양한 후, 12월에 프라하로 돌아온다.

1919년

여름에 쉘레젠에서 알게 된 체코계 유대인 율리 보리체크와 약혼한다. 「유형지에서」가 쿠르트 볼프사에서 출간되고, 11월에 「아버지께 드리는 편지」를 탈고한다. 보험공사의 근무가 불가능할 정도로 병세가 악화된다.

1920년

자신의 작품을 체코어로 번역해준 저널리스트 밀레나 예젠스카와의 편지 왕래가 시작된다. 4월 메란으로 치료 여행을 떠난 후, 5월 쿠르트 볼프사에서 「시골 의사」가 단행본으로 출간된다. 7월에 율리 보리체크와 파혼한다. 12월부터 이듬해 8월까지 마틀리아리에서 다시 요양 생활을 한다.

1921년

9월 프라하의 보험공사에서 다시 근무하지만, 10월부터 휴가 생활에 돌입한다. 1910년부터 1920년까지의 일기를 밀레나에게 넘겨주고 일기를 다시 쓰기 시작한다.

1922년

1월 불면증과 신경쇠약에 시달리다가 3주간 슈핀델밀레에서 요양 생활을 시작한다. 2월 말 장편소설 『성』을 쓰기 시작하지만 몇 달 후 다시 중단한다. 「최초의 고뇌」 「단식 예술가」 「어느 개에 대한 연구」를 탈고한다. 7월 1일 노동자재해보험공사를 퇴직한 후 누이동생 오틸리에의 여름 별장이 있는 서부 뵈멘의 플라나에서 요양 생활을 시작한다.

1923년

봄에 병 때문에 자주 침대에 몸을 맡기면서도 히브리어 공부에 집중하고 팔레스타인으로 이주할 계획을 세운다. 6월에 밀레나와 마지막으로 만난 후, 7월에 누이동생 엘리의 가족과 함께 발트해의 뮈리츠에서 휴가를 보내던 중 그곳의 유대인 어린이보호소에서 보모로 일하던 도라 디아만트를 만난다. 9월 프라하에서 도라 디아만트가 있는 베를린으로 이주한다.

1924년

3월 건강 악화로 프라하로 귀향한다. 4월 「요제피네, 여가수 또는 쥐들의 족속」을 탈고한다. 후두 결핵으로 최종 진단을 받고 비너발트 요양소에서 비엔나의 하엑 교수의 병원을 거쳐 4월 19일 마지막으로 비엔나 근교 키어링에 있는 호프만 박사 요양소로 옮긴다. 그곳에서 1921년부터 알게 된 젊은 의사 로베르트 클롭슈톡과 도라 디아만트의 간호를 받으면서, 같은 해 베를린의 슈미데 출판사에서 나오게 된 마지막 작품 「단식 예술가」의 원고를 교정하다가 6월 3일 눈을 감는다. 시신은 6월 11일 프라하의 유대인 공동묘지에 안장된다.

프란츠 카프카 읽기의 즐거움

변신·심판·성

펴낸날	초판 1쇄 2005년 8월 16일
	초판 2쇄 2016년 4월 8일

지은이 **조정래**
펴낸이 **심만수**
펴낸곳 **(주)살림출판사**
출판등록 1989년 11월 1일 제9-210호

주소 경기도 파주시 광인사길 30
전화 031-955-1350 팩스 031-624-1356
홈페이지 http://www.sallimbooks.com
이메일 book@sallimbooks.com

ISBN 978-89-522-0415-8 04080
  978-89-522-0394-1 04080 (세트)

※ 값은 뒤표지에 있습니다.
※ 잘못 만들어진 책은 구입하신 서점에서 바꾸어 드립니다.